O MUNDO DAS TERRAS COLETIVAS
Itinerários jurídicos entre o ontem e o amanhã

CONTRACORRENTE

PAOLO GROSSI

O MUNDO DAS TERRAS COLETIVAS
Itinerários jurídicos entre o ontem e o amanhã

Tradução
Fernando Coelho

São Paulo

2021

CONTRACORRENTE

Copyright © EDITORA CONTRACORRENTE
Alameda Itu, 852 | 1° andar |
CEP 01421 002
www.loja-editoracontracorrente.com.br
contato@editoracontracorrente.com.br

EDITORES
Camila Almeida Janela Valim
Gustavo Marinho de Carvalho
Rafael Valim

Coordenação de projeto: Juliana Daglio
Revisão: Jussara Lopes
Revisão técnica: João Machado
Capa: Mariela Valim
Diagramação: Fernando Dias

EQUIPE DE APOIO
Fabiana Celli
Carla Vasconcelos
Fernando Pereira
Lais do Vale
Valéria Pucci
Regina Gomes

Dados Internacionais de Catalogação na Publicação (CIP)
(Câmara Brasileira do Livro, SP, Brasil)

Grossi, Paolo
   O mundo das terras coletivas : itinerários jurídicos entre
o ontem e o amanhã / Paolo Grossi. – São Paulo : Editora
Contracorrente, 2021.

   ISBN 978-65-88470-71-8

   1. Bens imóveis - Itália - História 2. Posse (Direito)
3. Propriedade - Itália - História I. Título.

21-72197   CDU-347.251

Índices para catálogo sistemático:
1. Propriedade : Direito civil   347.251
   Cibele Maria Dias - Bibliotecária - CRB-8/9427

@ @editoracontracorrente
f Editora Contracorrente
🖤 @ContraEditora

coleção ensaios

Uma aproximação à teoria dos serviços públicos
Luis José Béjar Rivera

Estado de exceção: a forma jurídica do neoliberalismo
Rafael Valim

A Constituição como simulacro
Luiz Moreira

Como ler o direito estrangeiro
Pierre Legrand

As raízes legais da corrupção
Héctor A. Mairal

Ensaio sobre o conteúdo jurídico da confiança legítima e sua incidência no setor de infraestrutura
Antonio Araldo Ferraz Dal Pozzo e Augusto Neves Dal Pozzo

As normas de Direito Público na Lei de Introdução ao Direito brasileiro: paradigmas para interpretação e aplicação do Direito Administrativo
Edilson Pereira Nobre Júnior

Escrever História do Direito: reconstrução, narrativa ou ficção?
Michael Stolleis

Nacionalização: necessidade e possibilidades
Gilberto Bercovici e José Augusto Fontoura Costa

Aos tantos,
tenazmente laboriosos
nas estruturas fundiárias coletivas da península,
com votos de afeto
da parte de quem sempre os admirou e defendeu.

sumário

APRESENTAÇÃO   11

CAPÍTULO I - Fora do monismo individualista
    proprietário e para uma retomada da
    complexidade da paisagem sociojurídica   27

CAPÍTULO II - A recusa "moderna" de uma
    dimensão coletiva   31

CAPÍTULO III - A civilização jurídica burguesa
    e a exigência de um único modelo de
    propriedade   39

CAPÍTULO IV - Um jurista novato nos anos 50,
    entre novidade e conservadorismo   47

CAPÍTULO V - Sobre a salvação cultural daquele
    jurista novato: a "história do direito
    italiano"   57

CAPÍTULO VI - Sobre a salvação cultural daquele
jurista novato: o "direito agrário"   63

CAPÍTULO VII - Sobre um aspecto particular da
salvação "agrarista": uma abordagem direta
da realidade das estruturas fundiárias
coletivas   69

CAPÍTULO VIII - "Um outro modo de possuir": a
distante advertência de Carlo Cattaneo   81

CAPÍTULO IX - O surgimento de um pluralismo
proprietário na segunda metade do século XIX:
uma grande disputa europeia   85

CAPÍTULO X - Ainda sobre o monismo
proprietário no século XX   97

CAPÍTULO XI - Ano 1977: a gênese de um
livro   107

CAPÍTULO XII - Anos 80: o advento de uma
consciência nova   119

CAPÍTULO XIII - As estruturas fundiárias coletivas
e suas dimensões sociais e ambientais: os
repetidos testemunhos da Corte
Constitucional   133

CAPÍTULO XIV - Em direção a uma conclusão
pluriordenamental   143

REFERÊNCIAS BIBLIOGRÁFICAS   157

apresentação

É com grande alegria que trazemos ao público de língua portuguesa a tradução de mais uma obra do jurista italiano Paolo Grossi. Professor emérito de História do Direito na Universidade de Florença e presidente emérito da Corte Constitucional italiana, trata-se sem dúvida de um dos mais experimentados historiadores do direito de nosso tempo. Fundador da revista *Quaderni fiorentini per la storia del pensiero giuridico moderno*, tornou-se líder da escola florentina de história do direito, calcada nos estudos da história do pensamento jurídico, levando à área novos ares, perscrutando a modernidade diante da tradição medievalista italiana.

A presença do Prof. Grossi foi fundamental na consolidação do estudo da história do direito no Brasil, um campo de pesquisa jurídica relativamente recente entre nós.[1] Nesse sentido, a tradução deste livro, iniciativa que se dá no âmbito das atividades do *Ius Commune* – Grupo Interinstitucional de História da Cultura Jurídica (UFSC/CNPq), fundado pelo Prof. Arno Dal Ri Jr. (tradutor de várias obras de Paolo Grossi para o português), tem como escopo aprofundar uma visão dos fenômenos jurídicos com densidade própria, afastando-se de visões apologéticas, escatológicas, cronocêntricas e anacrônicas da história.

Seus estudos ajudaram, também, a renovar as pesquisas sobre a história do direito privado,[2] ainda

---

[1] FONSECA, R. M. "O deserto e o vulcão: reflexões e avaliações sobre a história do direito no Brasil". *In: Forum historiae iuris*, Frankfurt, 15 jun. 2012. DAL RI JR., Arno. "La storiografia giuridica brasiliana letta attraverso l'esperienza storiografica penale: note per la consolidazione di una disciplina". *In:* SORDI, B. (*a cura di*), *Storia e diritto:* esperienze a confronto. Incontro internazionale di studi in occasione dei 40 anni dei *Quaderni fiorentini*, Firenze, 18-19 de outubro de 2012. Milão: Giuffrè, 2013; MECCARELLI, M. "A história do direito na América Latina e o ponto de vista europeu: perspectivas metodológicas de um diálogo historiográfico". *In: Revista da Faculdade de Direito – UFU*, Uberlândia (MG), vol. 43, n. 2, 2015. (Trad. Diego Nunes).

[2] VARELA, L. Beck. *Das sesmarias à propriedade moderna:* um estudo da história do direito brasileiro. Rio de Janeiro: Renovar, 2005, e a resenha à obra "Un saluto alla giovane storiografia giuridica brasiliana" (a propósito de Laura Beck Varela, *Das sesmarias à propriedade moderna:* um estudo de história do direito

APRESENTAÇÃO

que se tratasse de um filão que já possuía alguma tradição entre os civilistas brasileiros.[3] Mas ainda há muito a ser feito nesse cenário; portanto, trazer à luz uma obra que reflete o trabalho do Prof. Grossi no manusear mais a fundo fontes específicas é uma possibilidade única de ver o mestre na sua oficina de historiador.

O presente livro que ora apresentamos cumpre tanto a função de nos ajudar a conhecer mais esse autor como seu itinerário de pesquisa. De fato, o texto é escrito em tom testemunhal, em que a história de sua vida se confunde com o desenvolvimento do tema de pesquisa sobre as terras coletivas na Itália. Assim, várias dessas ideias aprofundadas aqui já se encontram presentes em obras anteriores do Prof. Grossi, das quais passo a destacar aquelas já traduzidas para o português.[4]

---

brasileiro). *In: Quaderni fiorentini per la storia del pensiero giuridico*, vol. 35, 2006, pp. 1037-1042.

[3] GOMES, O. *Raízes históricas e sociológicas do Código Civil Brasileiro* (1958). São Paulo: Martins Fontes, 2006; MARTINS-COSTA, J. (Coord.). *Código. Dimensão histórica e desafio contemporâneo:* estudos em homenagem ao Professor Paolo Grossi. Porto Alegre: Sérgio Antonio Fabris Editor, 2013; SOARES ROBERTO, G. B. *Introdução à história do direito privado e da codificação.* 4ª Ed. Belo Horizonte: Lafayette, 2020.

[4] JÚNIOR, Arno Dal Ri; GROSSI, P. *O direito entre poder e ordenamento.* Belo Horizonte: Del Rey, 2010 (Trad. Arno Dal Ri Jr.).

Em sua obra *Mitologias jurídicas da modernidade*,[5] Grossi organiza uma série de conferências em forma de manifesto cujo objetivo foi denunciar uma leitura que dava caráter absoluto à lei, que minou a criatividade do direito dos privados. Por isso, denuncia a forma-código,[6] que buscava unificar em uma única lei todo o direito privado, que passava a se chamar "civil", ou seja, daqueles vinculados à comunidade política. Retiravam-se o poder e a criatividade da sociedade civil. Isso se fez em nome de um novo fundamento para a certeza do direito, que não mais se encontrava no seu conteúdo justo, mas no procedimento de feitura da lei por um órgão político representativo.

Trata-se de uma continuidade ou complemento à sua mais comentada obra, *A ordem jurídica medieval*.[7] Grossi parte das mais diversas fontes (registros notariais, direito canônico e, especialmente, a literatura

---

[5] GROSSI, P. *Mitologias jurídicas da modernidade*. 2ª Ed. Florianópolis: Boiteux, 2007 (Trad. Arno Dal Ri Jr.).

[6] CAPPELLINI, P. "Il Codice Eterno. La Forma-Codice e i suoi destinatari: morfologie e metamorfosi di un paradigma della modernità". *In:* CAPPELLINI, P.; SORDI, B. (Coords.). *Codici:* una riflessione di fine millennio. Atti del Convegno internazionale, Firenze, 26-28 de outubro de 2000. Milão: Giuffrè, 2002, pp. 13-68.

[7] GROSSI, P. *A ordem jurídica medieval*. São Paulo: Martins Fontes, 2014 (Trad. Denise Rossato Agostinetti).

APRESENTAÇÃO

dos juristas da tradição do *ius commune*) para demonstrar que, longe de se tratar da "idade das trevas", o Medievo representou para o direito, especialmente para o direito privado, um momento de grande criatividade. Seja na "oficina da práxis" alto-medieval construindo as novas formas contratuais para o mundo agrário feudal, seja no "laboratório sapiencial" tardo-medieval das comunas autônomas em sua prosperidade comercial, o direito privado do período construiu e reconstruiu diversas categorias do direito privado.

Essa afortunada reflexão mira o grande plano de trabalho da obra de Paolo Grossi, que é o diálogo entre os historiadores do direito e os juristas do direito positivo. A historiografia jurídica serve para chamar atenção à provisoriedade das soluções, para não termos as atuais formas jurídicas como as melhores até então formuladas, ou que as soluções formuladas do "alto" não sejam consideradas melhores que aquelas de "baixo". Esse exercício constante de relativização busca fomentar a consciência crítica dos juristas, com destaque aos estudantes, aos quais o mestre florentino sempre deu atenção prioritária. Por isso a importância de a história do direito ser cultivada por juristas e fazer parte da formação nas faculdades de Direito.[8]

---

[8] GROSSI, P. "O ponto e a linha. História do direito e direito positivo na formação do jurista de nosso tempo". *In:*

Mais especificamente sobre a história do direito privado, na obra *História da propriedade e outros ensaios,*[9] o autor apresenta as diversas facetas da propriedade e das "propriedades", justamente porque a propriedade privada moderna, cristalizada nos códigos, é apenas uma das tantas experiências na história dos modos de possuir. Para nós, brasileiros, basta pensar no princípio constitucional da função social como contraste à clássica teoria do domínio; ou como Grossi traz da experiência medieval, a teoria do domínio diviso, em que o título deveria se coligar à utilidade do bem.

Na mesma obra, Grossi denuncia que a modernidade, no campo do direito privado, acabou redundando em um "absolutismo jurídico", contrastando com o absolutismo político do Antigo Regime. Especialmente para o campo do direito privado, que necessita estar aberto às novidades de seu tempo para cumprir a sua promessa de autonomia, trata-se de um alerta que nos desaloja das certezas encontradas nos estudos dogmáticos subservientes a uma lógica estatalista que aprisiona o direito privado.

_____. *O direito entre poder e ordenamento.* Belo Horizonte: Del Rey, 2010 (Trad. Arno Dal Ri Jr.).

[9] GROSSI, P. *História da propriedade e outros ensaios.* Rio de Janeiro: Renovar, 2006 (Trad. Ricardo Marcelo Fonseca).

APRESENTAÇÃO

É nesse contexto, portanto, que Grossi insere o seu itinerário de pesquisa sobre as terras coletivas: dentro de um conjunto de estudos que mostrava a pluralidade dos estatutos da relação da humanidade com a terra. Trata-se justamente de resgatar, nessa relação, a factualidade do direito, que com o modelo subjetivista da codificação restou reduzida a "direitos reais" como gravame ao livre exercício das faculdades inerentes à propriedade privada moderna.

Esse resgate de um modelo duradouro e "objetivo" com o qual as pessoas se relacionam com o território parece muito pertinente à realidade brasileira. Ainda que não tenhamos tido uma era medieval, que tinha como característica de sua conformação jurídica a criação de inúmeros direitos sobre a relação entre o ser humano e a terra, a tentativa de redução da paisagem normativa sobre o tema a partir da Lei de Terras de 1850 e, enfim, com a codificação civil de 1916, criou um semelhante cenário de apagamento de "outros modos de possuir".

Dois exemplos são elucidativos a esse respeito, pois reconhecidos pela "constituição cidadã" de 1987-1988: povos originários (indígenas)[10] e

---

[10] BRASIL. *Constituição da República Federativa do Brasil de 1988.* "Art. 231. São reconhecidos aos índios sua organização social, costumes, línguas, crenças e tradições, e os direitos

originários sobre as terras que tradicionalmente ocupam, competindo à União demarcá-las, proteger e fazer respeitar todos os seus bens. § 1º São terras tradicionalmente ocupadas pelos índios as por eles habitadas em caráter permanente, as utilizadas para suas atividades produtivas, as imprescindíveis à preservação dos recursos ambientais necessários a seu bem-estar e as necessárias a sua reprodução física e cultural, segundo seus usos, costumes e tradições. § 2º As terras tradicionalmente ocupadas pelos índios destinam-se a sua posse permanente, cabendo-lhes o usufruto exclusivo das riquezas do solo, dos rios e dos lagos nelas existentes. § 3º O aproveitamento dos recursos hídricos, incluídos os potenciais energéticos, a pesquisa e a lavra das riquezas minerais em terras indígenas só podem ser efetivados com autorização do Congresso Nacional, ouvidas as comunidades afetadas, ficando-lhes assegurada participação nos resultados da lavra, na forma da lei. § 4º As terras de que trata este artigo são inalienáveis e indisponíveis, e os direitos sobre elas, imprescritíveis. § 5º É vedada a remoção dos grupos indígenas de suas terras, salvo, "ad referendum" do Congresso Nacional, em caso de catástrofe ou epidemia que ponha em risco sua população, ou no interesse da soberania do País, após deliberação do Congresso Nacional, garantido, em qualquer hipótese, o retorno imediato logo que cesse o risco. § 6º São nulos e extintos, não produzindo efeitos jurídicos, os atos que tenham por objeto a ocupação, o domínio e a posse das terras a que se refere este artigo, ou a exploração das riquezas naturais do solo, dos rios e dos lagos nelas existentes, ressalvado relevante interesse público da União, segundo o que dispuser lei complementar, não gerando a nulidade e a extinção direito a indenização ou a ações contra a União, salvo, na forma da lei, quanto às benfeitorias derivadas da ocupação de boa fé. § 7º Não se aplica às terras indígenas o disposto no art. 174, § 3º e § 4º. Art.

APRESENTAÇÃO

tradicionais (quilombolas).[11] A tais populações o texto constitucional reconheceu a primazia dos usos e costumes sobre o direito legislativo. Isso significou a possibilidade desses povos de reivindicar o reconhecimento de seus próprios modos em viver no território e de possuir a terra.

Todavia, não era de esperar que em um país no qual há constantes conflitos fundiários entre campesinos e fazendeiros (que por vezes resultaram na grilagem

---

232. Os índios, suas comunidades e organizações são partes legítimas para ingressar em juízo em defesa de seus direitos e interesses, intervindo o Ministério Público em todos os atos do processo".

[11] BRASIL. *Constituição da República Federativa do Brasil de 1988*. "Art. 216. Constituem patrimônio cultural brasileiro os bens de natureza material e imaterial, tomados individualmente ou em conjunto, portadores de referência à identidade, à ação, à memória dos diferentes grupos formadores da sociedade brasileira, nos quais se incluem: I - as formas de expressão; II - os modos de criar, fazer e viver; III - as criações científicas, artísticas e tecnológicas; IV - as obras, objetos, documentos, edificações e demais espaços destinados às manifestações artístico-culturais; V - os conjuntos urbanos e sítios de valor histórico, paisagístico, artístico, arqueológico, paleontológico, ecológico e científico. [...] § 5º Ficam tombados todos os documentos e os sítios detentores de reminiscências históricas dos antigos quilombos" e "Art. 68 [ADCT]. Aos remanescentes das comunidades dos quilombos que estejam ocupando suas terras é reconhecida a propriedade definitiva, devendo o Estado emitir-lhes os títulos respectivos".

dos territórios das populações originárias e tradicionais ou no apossamento de terras devolutas estatais em que essas pessoas viviam, através de titulações indevidas) a efetivação de tais direitos se desse de forma tranquila. Também aqui no Brasil, assim como o Prof. Grossi acenou sobre o caso italiano, a intervenção de nossa Corte Constitucional foi fundamental.

No caso da demarcação dos territórios indígenas, o caso paradigmático foi o julgamento da reserva Raposa Serra do Sol, em Roraima.[12] Ainda que se valha da linguagem moderna da codificação, falando em "direitos de usufruto", o Supremo Tribunal Federal concedeu autonomia quase plena àquele aldeamento indígena. Porém, a maioria do tribunal entendeu que não se deveria dar efeito *erga omnes* à decisão, além de impor dezenove "salvaguardas institucionais", que tinham como objetivo impor a possibilidade de trânsito das autoridades federais em casos de interesse público, como segurança nacional, telecomunicações, pesquisa científica, dentre outros.[13]

---

[12] MAGALHÃES, J. Neuenschwander. "A inclusão da exclusão dos índios no Brasil". *In:* STUTZ E ALMEIDA, Eneá; MAGALHÃES, Juliana Neuenschwander & WOLKMER, Antônio Carlos (Coords.). *História do direito*. Florianópolis: Conpedi, 2014, vol. 2, pp. 124-145.

[13] BRASIL. Supremo Tribunal Federal. *Petição n. 3.388, de Roraima*. Relator: ministro Ayres Britto. Data do julgamento: 23 out. 2013.

APRESENTAÇÃO

O governo federal, por meio da Advocacia-Geral da União, acabou por reconhecer que tais parâmetros devem ser estendidos a todas as futuras demarcações de territórios indígenas em solo brasileiro.[14]

A questão quilombola não foi menos atribulada. Aqui se tratava de controle abstrato de constitucionalidade[15] que reagia à ação do governo federal em reconhecer os territórios quilombolas por decreto[16] regulador do artigo 68 do Ato das Disposições Constitucionais Transitórias, que concedeu o direito de propriedade coletiva "aos remanescentes das Comunidades dos Quilombos".[17] O relator, ministro

---

[14] BRASIL. Advocacia-Geral da União. *Parecer n. 001/2017/GAB/CGU/AGU*. Diário Oficial da União n. 138, quinta-feira, 20 de julho de 2017.

[15] BRASIL. Supremo Tribunal Federal. *Ação Direta de Inconstitucionalidade n. 3.239, do Distrito Federal*. Relator: ministro Cézar Peluso. Redator do acórdão: ministra Rosa Weber. Data do julgamento: 8 fev. 2018.

[16] BRASIL. *Decreto n. 4.887, de 20 de novembro de 2003*. Regulamenta o procedimento para identificação, reconhecimento, delimitação, demarcação e titulação das terras ocupadas por remanescentes das comunidades dos quilombos de que trata o art. 68 do Ato das Disposições Constitucionais Transitórias.

[17] NUNES, D.; SANTOS, V. H. "Por uma história do conceito jurídico de quilombo no Brasil entre os séculos XVIII e XX". *In: Revista da Faculdade de Direito da UFPR*, Curitiba, 2021 v. 66, n. 1.

Cezar Peluso, aceitou o pleito do Partido Democratas de vício formal, pois o decreto feriria o princípio da legalidade estrita e o devido processo legal para a desapropriação. A ministra Rosa Weber pediu vista e abriu divergência, negando a inconstitucionalidade por se tratar de norma constitucional com eficácia imediata, sem necessidade de lei e aceitando a autoatribuição quilombola. Porém, alguns ministros, por sua vez, pediram vista e apresentaram a tese do marco temporal, ou seja, de que o direito prevaleceria apenas a partir da promulgação da Constituição Federal de 1988, ressalvados os casos de esbulho. Os demais integrantes do plenário acompanharam a relatora para o acórdão na tese de que a demarcação das terras quilombolas é direito fundamental autoaplicável e sem restrições cronológicas, cumpridas as disposições constitucionais e infraconstitucionais.

Portanto, percebe-se que a tutela concedida pelo Supremo Tribunal Federal a essas populações têm como consequência a aceitação de outros regimes de propriedade que não aqueles previstos pela moderna civilística. Modelos alternativos, baseados em práticas centenárias e mesmo milenares de relação entre seres humanos e território, passaram a gozar de efetividade no atual cenário constitucional nacional.

Ainda, ressalte-se que uma consequência importante disso, tal como o Prof. Grossi acentua no

APRESENTAÇÃO

caso italiano e possui paralelismo com a realidade brasileira, é a proteção ao meio ambiente. Requisito para a regularização fundiária dessas comunidades é a demonstração do convívio harmonioso com os biomas em que estão inseridas. Por isso é de fundamental importância a advertência final que o texto faz com relação aos "bens comuns" (ou *commons*, na corrente linguagem global),[18] como a água,[19] por exemplo. Nada mais proveitoso para prover efetiva tutela às manifestações naturais, vez que nosso ordenamento constitucional passou a entender a proteção do meio ambiente como um direito intergeracional,[20]

---

[18] MALINVERNI DA SILVEIRA, C. E.; DYTZ MARIN, J. & COLOMBO, G. (Coords.). *Congresso Internacional sobre o Comum e os Commons* (1: 2019 jun. 12-14, Caxias do Sul, RS), Educs, Caxias do Sul, 2020.

[19] NUNES, D. "Aportes para uma história da regulação jurídica da água no Brasil a partir do Código de Águas de 1934". *In: Revista de Direito Administrativo (FGV)*, Rio de Janeiro, 2021.

[20] BRASIL. *Constituição da República Federativa do Brasil de 1988*. "Art. 225. Todos têm direito ao meio ambiente ecologicamente equilibrado, bem de uso comum do povo e essencial à sadia qualidade de vida, impondo-se ao Poder Público e à coletividade o dever de defendê-lo e preservá-lo para as presentes e futuras gerações. § 1º Para assegurar a efetividade desse direito, incumbe ao Poder Público: [...] III - definir, em todas as unidades da Federação, espaços territoriais e seus componentes a serem especialmente protegidos,

algo claramente intuído na cosmogonia dos povos originários e tradicionais do Brasil.

A consequência teórica que essas realidades brasileiras trazem é a visão multi-ordenamental. Para além das eficazes alusões que o Prof. Grossi trouxe sobre o modelo institucionalista de Santi Romano, ouso aqui acrescentar uma metáfora do saudoso historiador do direito lusitano António Manuel Hespanha. Ele que, para explicar a harmonia complexa e dinâmica das fontes do direito no Antigo Regime se referia a uma "geometria variável"[21] (em clara contraposição à rígida arquitetura jurídica moderna, em particular a kelseniana), ao tratar em sua derradeira obra da configuração da ordem constitucional frente a um cenário pluralista no mundo lusófono fala em "cordilheira"[22] (mais uma vez desafiando a

---

sendo a alteração e a supressão permitidas somente através de lei, vedada qualquer utilização que comprometa a integridade dos atributos que justifiquem sua proteção; [...] § 5º São indisponíveis as terras devolutas ou arrecadadas pelos Estados, por ações discriminatórias, necessárias à proteção dos ecossistemas naturais".

[21] HESPANHA, A. M. *Cultura jurídica europeia*: síntese de um milênio. Coimbra: Almedina, 2012, p. 152.

[22] HESPANHA, A. M. *Pluralismo jurídico e direito democrático*: prospetivas do direito no século XXI. Coimbra: Almedina, 2019, pp. 208-209.

APRESENTAÇÃO

estrutura piramidal do ordenamento proposta por Kelsen). Essas construções mostram que o direito "pós-moderno" iniciado pela virada constitucional no século XX, e que continua a se espraiar – apesar de eventuais derivas – nas primeiras décadas deste milênio, é perfeitamente capaz de explicar a multiplicidade de fórmulas de "ter" (nos casos citados, incindíveis do "ser") a terra.

Enfim, espera-se que a tradução da presente obra impulsione novos métodos e novas temáticas de pesquisa histórico-jurídica no Brasil, revigorando as pontes aqui estabelecidas pelo Prof. Grossi. Mais uma vez se agradece a ele e ao Prof. Luigi Lacchè (em nome da editora Quodlibet, de Macerata, Itália) pela confiança, bem como ao linguista e futuro jurista Fernando Coelho a douta tradução, e, por fim, a Rafael Valim em nome da Editora Contracorrente, que se consolida como uma casa sensível aos estudos em história do direito.

Boa leitura!

Diego Nunes

Professor de Teoria e História do Direito na Universidade Federal de Santa Catarina

Doutor em Ciências Jurídicas pela Universidade de Macerata (Itália)

capítulo I
fora do monismo individualista proprietário e para uma retomada da complexidade da paisagem sociojurídica

Este pequeno livro, escrito por um jurista mas destinado também a leitores não juristas, não é um evento ocasional, porque nasce após a solicitação de um assaz vigilante editor e é escrito com motivações e finalidades muito precisas. Pelo menos neste caso pode-se dizer que editor e escritor estão sustentados por uma sintonia cultural.

Nós, na Itália – mas, hoje em dia, em muitas partes do mundo –, vivemos o protagonismo da propriedade privada individual, contemplando – de minha parte com certa aflição – o triunfo de um arranjo capitalista (se se quiser, neocapitalista) da ordem econômica mundial. E somos levados a crer que esse arranjo é a melhor (talvez a única) disposição possível da complexidade dos fatos socioeconômicos. Acomodamo-nos por preguiça a essa indiferença geral e nos assemelhamos cada vez mais a velhos cavalos de tiro (que me eram familiares durante os distantes anos da juventude), os quais, munidos de espessos cabrestos, eram impedidos de experimentar as tentações de desviar ou de satisfazer as diversas curiosidades que o caminho poderia lhes deparar.

Este pequeno livro desejaria atingir um primeiro objetivo: retirar de nós os cabrestos entorpecedores, tornando-nos curiosos da inteireza do mundo que nos circunda e, finalmente, passíveis de tentações vitais capazes de retirar-nos do simplismo de uma funesta geometria; e tornando-nos capazes de olhar além, olhar mais adiante, com o fim específico de *recuperar* toda a complexidade da paisagem sociojurídica de outrora e de hoje, da qual percebemos apenas alguns aspectos sobressalentes.

CAPÍTULO I - FORA DO MONISMO...

Nem eu nem o editor queremos cair na armadilha de concebermos uma história unilinear; ou, ainda pior, de nos limitarmos a uma história oficial marcada sobretudo pelas vicissitudes do poder e do seu exercício sobre os súditos obedientes. Uma história desenraizada demais dos fatos e superficialmente elevada e nebulosa, sustentada apenas por palafitas mitológicas habilmente cunhadas pelos detentores do poder (ou, o que é o mesmo, por pseudocientistas a seu serviço).[23] Mas ai! Iludidos demais pelas lisonjas dos eventos "rumorosos" (a imagem é de Fernand Braudel), deixamos de cuidar dos estratos profundos, secretos, da história, muito menos rumorosos, muito menos vistosos, mas muito expressivos de dimensões não vitoriosas da sociedade civil, não obstante estejam radicadas na efetividade de grupos sociais relevantes.

É um engessamento cultural que se repete, que parece nunca acabar, que teve nas últimas décadas um ascendente exagerado justamente sobre

---

[23] Não é forçoso, mas absolutamente realista perceber o pulular moderno de aparatos mitológicos cunhados para sustentar muitas das "verdades" apoditicamente afirmadas nas diversas correntes da refundação iluminista da sociedade e da cultura. Permito-me remeter ao que acreditei demonstrar em *Mitologias jurídicas da modernidade* (ROMANO, S. *O ordenamento jurídico* (1918). Trad. Arno Dal Ri Jr. Florianópolis: Boiteux, 2008).

o tema/problema que ora nos interessa: a relação homem-cosmo, sujeito-coisa, que sobretudo na modernidade se acreditou resolvido segundo um esquema proprietário monista. Era o edifício de pedra forte construído pelo individualismo possessório moderno, o único edifício que a civilização burguesa julgou projetar para um futuro sem fim. Essa civilização durou enquanto durou o "mundo de ontem" (como o chamou Stephan Zweig), um mundo de certezas e, obviamente, de fechamentos e de surdez, placidamente distendido para todo o plácido escorrer do século XIX.[24] Podíamos considerá-lo um passado completamente transcorrido e tivemos de concluir que os seus regurgitamentos se prolongam até o nosso presente, quando vemos alarmados fissuras demais nos delineamentos daquele Estado social de direito que os nossos pais saudaram há setenta anos como uma conquista indelével da civilização.

---

[24] *O mundo de ontem* é o título do volume autobiográfico escrito pelo literato austríaco Stephan Zweig em 1941. O momento final desse "mundo" é no fim da Primeira Guerra Mundial, com a queda do Império Austro-Húngaro.

capítulo II
a recusa "moderna" de uma dimensão coletiva

Certa surdez não poderia faltar à cultura sociojurídica moderna, do modo como foi definida e consolidada no continente europeu, em fins do século XVIII, graças ao caráter grandemente absolutista da Revolução Francesa, e diz respeito precisamente ao fechamento no casulo do monismo individualista, com uma recusa completa de tudo o que se encarnava no *coletivo*. Se havia, de fato, uma dimensão desaprovada – e, portanto, frontalmente rejeitada – pela cultura individualista da civilização burguesa, essa dimensão se condensava no *coletivo*, percebido como fato sufocante, que enfraquecia a liberdade do indivíduo e a sua essencial dimensão proprietária. E era eloquentíssima a sorte reservada àquelas – não muitas – realidades coletivas que continuavam persistindo durante a modernidade como restos de estruturas fundiárias primitivas do Medievo e Antigo Regime.

Tratava-se de uma realidade não exígua, embora estivesse colocada em zonas marginais da circulação econômica, capilarmente presente em todo o território da península, dos Alpes à Sicília e à Sardenha, que emergiram com muita evidência naquele vasto e completo balanço do estado dos campos e das montanhas italianas que o Parlamento nacional quis realizar, com gesto meritório, logo após a unificação política, e efetuado com grande empenho por uma densa multidão de técnicos. Foi, de fato, nos resultados da *Inchiesta agraria e sulle condizioni della classe agricola*, iniciada em 1877, que emergiu uma paisagem muito mais variada do que se pensava: ao lado do rio caudaloso das propriedades individuais, constituído de uma quantidade enorme de minifúndios e de latifúndios, verificou-se a existência de formações coletivas, constantemente praticadas pelos povoados e defendidas com afinco, denominadas de vários modos, sendo frequentemente expressões de situações locais (geológicas, etnológicas, econômicas, jurídicas), com frequência encharcadas pela lama dos fatos locais. "Comunidades" (*comunità*), "comunanças" (*comunanze*), "consórcios" (*consorzii*),

CAPÍTULO II - A RECUSA "MODERNA" DE UMA...

"consorterias" (*consorterie*), "sociedades de antigos originários" (*società di antichi originarii*), "regras" (*regole*), "comunálias" (*comunalie*), "comunelas" (*comunelle*), "compáscuos" (*compascui*), "universidades agrárias" (*università agrarie*), "participanças" (*partecipanze*), "domínios coletivos" (*dominii collettivi*), "servidões de pasto" (*servitù di pascolo*), "ademprívios" (*ademprivii*), "usos cívicos" (*usi civici*) (divididos em direitos de apascentar o rebanho, colher lenha em floresta densa ou comunal, e assim por diante)[25] se espalhavam por toda a península.

---

[25] Esclareçamos desde já, e com vistas a uma maior clareza para o leitor não jurista, esse conceito de "uso cívico". Trata-se dos direitos que, desde um tempo quase sempre imemorial, têm uma comunidade de habitantes (e, portanto, cada um deles) sobre terrenos de entes públicos ou de privados, para retirar deles uma fonte de sustento parcial. Pode ser o direito de apascentar o próprio rebanho, de recolher feno, de semear, de cortar lenha, bosques ou arbustos. Trata-se de direitos que se radicam desde sempre naquele terreno, o qual permanece sempre onerado por eles; trata-se, portanto, de direitos reais, isto é, compenetrados na *res* – no terreno –, dos quais a comunidade e os seus membros não podem ser defraudados. Provavelmente, na modernidade, são os resíduos de um pertencimento primitivo muito mais amplo, erodido com o passar do tempo por fortes poderes públicos ou privados. Indevidamente, durante a modernidade, sob esse sintagma, "usos cívicos", foram compreendidas genuínas formas de propriedade coletiva, gerando equívocos infinitos (para um excelente manual, cf. MARINELLI, F. *Gli usi civici*. Milão: Giuffrè, 2013).

PAOLO GROSSI

A publicação dos *Anais* da *Inchiesta agraria* foi certamente um evento de grande relevância também em seu aspecto estritamente cultural, sendo palpável a macroscópica bipolaridade que os percorria: por um lado, aqueles poucos observadores-registradores que eram munidos de sensibilidade social e de densidade cultural identificaram nas expressões coletivas um modelo alternativo de pertencimento;[26 e 27] por outro, os muitos que pertenciam ao núcleo comum

---

[26] Entre esses poucos, sobressaem os nomes de Agostino Bertani e Ghino Valenti. O primeiro, médico por profissão, mas político munido de fortes concepções solidaristas, conduz os trabalhos da oitava circunscrição relativa às Províncias de Porto Maurício, Gênova e Massa-Carrara. O segundo conduz os trabalhos para as Províncias de Ancona, Ascoli Piceno, Macerata e Pesaro, fazendo valer o seu saber de economista e jurista marcado por sólidos fundamentos culturais. Uma ampla informação sobre a sua atuação no contexto da *Inchiesta agraria* pode ser encontrado em: GROSSI, P. *Un altro modo di possedere:* l'emersione di forme alternative di proprietà alla coscienza giuridica postunitaria. Milão: Giuffrè, 2017, pp. 278 e ss.

[27] N.T. Optou-se por traduzir o termo italiano "*appartenenza*" por "pertencimento". Conquanto essa escolha possa causar certa estranheza ao leitor lusófono, que esperaria encontrar em seu lugar os termos "posse" ou "propriedade", a referência no original é ao fato e aos modos de um bem pertencer ao seu titular. Enfatiza-se assim o ponto de vista do bem, ao contrário das proposições que empregam as palavras preteridas, que privilegiam a figura do possuidor ou proprietário.

CAPÍTULO II - A RECUSA "MODERNA" DE UMA...

da oficialidade burguesa não conseguiram apagar realidades existentes e operantes, mas as condenaram à morte dando-lhes a infamante qualificação de *gravames* da propriedade livre, considerando-as assim como células tumorais que enfraqueciam as límpidas concretizações do pertencimento individual, ou como monstrengos do ponto de vista econômico, que um poder político inspirado nos *sãos* princípios do liberalismo poderia ter extirpado da paisagem social do novo Reino da Itália.[28]

E uma palavra de ordem, que circulara havia tempo, resultou ainda mais imperiosa: *liquidação*, termo e programa que eu me permiti definir como *auschwitzianos*[29] porque objetivavam a eliminação de realidades intensamente vividas; na substância,

---

[28] No próprio Relatório Final, escrito por aquele que fora um dos beneméritos promotores da *Inchiesta*, Stefano Jacini, se afirmava conclusivamente e também muito claramente: "que se dê pressa na liberação completa, não só de nome mas também de fato, da propriedade rural dos vínculos e gravames que a obstaculizam de vários modos"; e a modo de exemplo, fornecia-se justamente uma lista de estruturas fundiárias coletivas (cf. "Relazione finale sui risultati dell'Inchiesta agraria". *In: Atti della Giunta per la Inchiesta agraria e sulle condizioni della classe agricola*, Roma, vol. 15, 1886, p. 100).

[29] Usei muitas vezes esta adjetivação para um exemplo (cf. "Usi civici: una storia vivente". *In: Archivio Scialoja-Bolla*, vol. 6, 2008, p. 20).

concretizaram-se em um projeto legislativo que seria constantemente buscado pelo poder político italiano[30] com um coroamento final nas leis fascistas de 1927.[31] Essa lei, embora dissesse respeito, segundo o seu título, "ao reordenamento dos usos cívicos no Reino", demonstra o seu caráter agressivo desde o artigo 1º do título I, no qual se fala com inequívoca clareza "da liquidação geral dos usos cívicos e de qualquer outro direito de fruição promíscua das terras".

Do ponto de vista da ortodoxia burguesa, a *liquidação* se impunha porque aquelas estruturas coletivas vinham perigosamente ofender o modelo único

---

[30] Proveu-se, em 1865, a abolição dos *ademprivios* sardos, em 1867, dos usos cívicos no ex-Principado de Piombino, em 1882, dos direitos de apascentar e retirar lenha nas províncias de Belluno, Udine e Vicenza; em 1884 iniciou-se um projeto de lei sobre a "Abolição das servidões de apascentar, vender erva e fiar" nas províncias de Roma, Perúgia, Ascoli Piceno, Ancona, Forli, Macerata, Ravenna, Pesaro e Urbino, Bolonha e Ferrara, o primeiro que encontrou no Parlamento obstáculos inesperados e sobre os quais será conveniente discorrer adiante. Sobre essa série legislativa, veja-se a análise bem detalhada que Vincenzo Cerulli Irelli fez (cf. "Apprendere 'per laudo': saggio sulla proprietà collettiva". *In: Quaderni fiorentini per la storia del pensiero giuridico moderno*, n. 45, 2016, pp. 310 e ss).

[31] É a Lei n. 1.766, de 16 de junho de 1927. Sobre as suas características específicas, retornaremos em breve.

CAPÍTULO II - A RECUSA "MODERNA" DE UMA...

de propriedade, o esquema monista que para o poder burguês tinha uma força intrinsecamente *constitucional*, se com esse adjetivo se entende o fundamento basilar de todo um edifício sociopolítico.[32] Liquidar a todo custo aqueles que podiam erigir-se – ainda que em aparência – a modelos alternativos arriscados pareceu a única tutela eficaz para a sobrevivência do Estado monoclasse. Pode ser um útil esclarecimento seguir o delineamento desse modelo único de propriedade no horizonte do estatalismo legalista italiano.

---

[32] Em 1882, momento do ápice da mania abolitiva por parte da oficialidade burguesa italiana, falando do ansiado "derretimento" das "participações", uma viva realidade coletiva emiliana, Oreste Regnoli, professor de Direito Civil da Universidade de Bolonha e patrono do município de Medicina em um processo contra uma daquelas coletividades, chegava a qualificá-la como "perturbadora da ordem moral e da tranquilidade pública" (REGNOLI, O. *Scritti editi ed inediti di diritto civile*. Bolonha: Zanichelli, 1900, p. 353).

capítulo III

a civilização jurídica burguesa e a exigência de um único modelo de propriedade

Naquela época, no que diz respeito às estruturas fundiárias coletivas listadas acima, falava-se somente, como atesta o título da lei fascista de 1927, de *usos cívicos*, e a eles, nos grandes "manuais" destinados a fornecer aos novos estudantes de Direito as linhas essenciais do direito privado italiano, reservavam-se pouquíssimo espaço e a mais lacônica brevidade; fazendo menção à "curiosidade jurídica", observava-se – em suma – sem convicção uma preocupação de completude e nada mais.

Naquela época! Na minha (agora) longa vida, esse tempo pode remontar a 1951, quando comecei a frequentar os cursos da Faculdade de Direito de Florença, e quando, apesar das enormes novidades que já se perfilavam na paisagem italiana do direito,[33] por causa da inércia que imobiliza com frequência a ciência jurídica, essa paisagem aparecia ainda idealmente sistematizada sobre velhas plataformas lançadas no final do século XVIII em direção de um futuro indefinido pelos laboratórios iluministas e jacobinos da Revolução Francesa e consolidadas – esperava-se que para sempre – pelas fortes realizações do déspota Napoleão.

Naqueles primeiros anos da década de 1950, impunha-se ainda, no ideário comum, o Estado burguês nos moldes do século XIX, único produtor de direito com o benéfico eflúvio das suas leis, sobretudo com os seus códigos, aqueles códigos que se concretizaram na Itália, nos anos 30, em modelos de uma

---

[33] A primeira e formidável novidade é sem dúvida a Constituição, que entrou em vigor formalmente no dia 1º de janeiro de 1948, uma verdadeira revolução cultural, mas que tardará a vigorar sobre uma cultura jurídica italiana misoneísta demais para acolher a sua mensagem inovadora precisamente no terreno delicado das relações entre Estado e direito.

CAPÍTULO III - A CIVILIZAÇÃO JURÍDICA...

poderosa construção jurídica;[34] e impunham-se ainda envoltos em uma inatacável proteção mitológica o legislador e a sua perfeita criatura, a lei.[35] O universo jurídico – que, desde os antigos romanos até o estatismo moderno, se caracterizou pela sua variadíssima multiplicidade de formas, em um panorama feito de muitos artífices, tais como uma aguerrida ciência jurídica, juízes, notários, advogados, com as forças germinais de costumes, usos, práticas cotidianas deixadas livres na sua vitalidade –, esse universo (que havia nutrido em si um rico pluralismo, mas também, devemos reconhecer, iníquos privilégios e, portanto, iníquas discriminações no interior da sua complexidade) se deteriorou (pelo menos aos olhos críticos do historiador), ou seja, estava reduzido e embaraçado em um amontado de comandos (normas), desejos e projetos de cima, mas com frequência distantes demais do caos social que não obstante desejaram disciplinar.

A civilização moderna – burguesa, uma vez que exprimia com fidelidade os interesses da classe

---

[34] Dos Códigos Penais de 1930 ao Código de Processo Civil de 1940, ao Código Civil Unitário e ao Código da Navegação de 1942.

[35] As constituições da Revolução Francesa não tinham, talvez, ensinado repetidamente que a lei "não pode ordenar senão o que é justo e útil à sociedade; ela não pode proibir senão o que lhe é prejudicial"?

PAOLO GROSSI

burguesa vitoriosa com a Revolução de 1789 – era, com efeito, defensora daquilo que eu chamei (e chamo) com persuasão de *absolutismo jurídico*:[36] um direito ligado intimamente ao poder político, emanação direta de um Estado que, apesar das teorizações democráticas, permanece rigidamente nas mãos de uma só classe (foi preciso aguardar o ano de 1913 na Itália para que houvesse um quase perfeito sufrágio universal, entretanto apenas masculino!); um direito que, como um precioso cimento da ordem pública, deve ser controlado e orientado de cima.

Uma vez que a civilização burguesa é uma civilização do *ter*, em que tanto mais se é quanto mais se tem, e em que o protagonista é o patrimônio, e o cidadão o é enquanto *possuidor*, enquanto proprietário, é óbvio que esteja, no centro do seu programa, e que assuma um caráter *constitucional*, isto é, fundante da própria estrutura sociopolítica, a propriedade privada individual, finalmente liberada das amarras que os pesos feudais do Antigo Regime representavam; e que estejam presentes – com características igualmente *constitucionais* – os dois instrumentos vitais à sua circulação, o contrato e as regras que disciplinam a sucessão *causa mortis*.

---

[36] Cf. "Absolutismo jurídico (ou: da riqueza e da liberdade do historiador do direito)". *In:* GROSSI, P. *História da propriedade e outros ensaios*. Rio de Janeiro: Renovar, 2006. (Trad. Ricardo M. Fonseca).

CAPÍTULO III - A CIVILIZAÇÃO JURÍDICA...

Compreendeu com exatidão aquele que – pontualmente – identificou no Código Civil o verdadeiro texto *constitucional*, basilar, do Estado burguês; tampouco é sem significado o fato de que Napoleão – nisso herdeiro legítimo da Revolução Francesa – tenha tido como programa central da sua dominação potestativa uma codificação de amplo espectro, que tenha dedicado a ela os anos de formação do Império (1804-1810), e que tenha querido começar com o *Code Civil*, no qual se fala de propriedade, de contratos, de sucessões; um terreno em que nenhum soberano do Antigo Regime, nem mesmo Luís XIV, quis penetrar com as próprias normas, deixando todo o direito civil à disciplina materna dos costumes e dos usos, moderados pelas análises definidoras dos juízes e dos *doutores*.

O Código Civil realiza plenamente o projeto constitucional burguês, pois é o código da propriedade privada individual e do indivíduo proprietário. O essencial desse projeto, ao qual tudo deve ser subordinado, é a tutela – a todo custo – do proprietário e dos seus poderes. Removidos como vergonhosos os elementos estamentais do Antigo Regime, resta o elitismo econômico, do qual uma sociedade burguesa não pode abrir mão a não ser com uma lesão suicida; e resta o vínculo entre a capacidade política do cidadão e a sua dimensão patrimonial. Somente o possuidor pode exprimir o seu voto nas novas democracias parlamentares, já que é ele o pilar da ordem política burguesa. E se a algum irreverente crítico ocorresse manifestar a sua indignação contra uma tal limitação, seria pronta a resposta que a classe dos possuidores daria (diversamente da velha nobreza privilegiada): está aberta a qualquer um, e que basta ao pobre um pouco de empenho para garantir a si o acesso ao grupo dos votantes. Por conseguinte, com uma lógica que tem apenas o defeito dramático de ser puramente abstrata, circula a configuração do pobre que permanece pobre por ser um sujeito preguiçoso, incapaz de realizar-se economicamente.

Além disso, tomando como evento exemplar a Revolução Francesa nos seis anos do seu desenvolvimento, a qual, se, por um lado, muito muda na sua feição desde os inícios jusnaturalistas de 1789 até os êxitos jacobinos de 1793-1794, por outro, em um ponto a mensagem permanece unitária e compacta: o novo Estado se funda sobre a propriedade privada individual. Antes, há – a propósito – uma eloquente transposição de planos. Faz-se aquilo que os politólogos e juristas medievais jamais ousaram, isto é, sacraliza-se a propriedade absolutizando-a com respeito ao devir socioeconômico e projetando-a em um horizonte que é tipicamente ético. A revolução começa, na verdade, com a seguinte premissa fundadora fixada no artigo 17 da *Declaração* de 1789: a propriedade é "um direito inviolável e sagrado".

CAPÍTULO III - A CIVILIZAÇÃO JURÍDICA...

No coração da civilização moderna está, portanto, um modelo forte, forte porque inviolável e sagrado. Um modelo que não pode senão ser *único*, já que nele e com ele a propriedade se funde com a liberdade individual, atingindo o status de dimensão ineliminável da liberdade do sujeito.

capítulo IV

um jurista novato nos anos 50, entre novidade e conservadorismo

Indicou-se acima um ano — 1951 — como o momento da minha primeira aproximação a uma visão *jurídica* do mundo social/econômico/político, marcando a persistência de um aspecto que se pode chamar de iluminista (enquanto rigidamente estatal) e burguês (enquanto se apoia no modelo único, fornecido pelo individualismo possessivo). A paisagem jurídica continuava a ser simples com a redução auschwitziana do *coletivo* a nefandos *gravames que gravavam* parasitariamente a livre propriedade individual.

PAOLO GROSSI

Mas, acima, se acenou também: tudo isso apesar de o segundo pós-guerra (a datá-lo a partir de 1943) ter sido para a Itália o início de uma renovação total, de uma vida nova liberada dos pesos do passado e projetada esperançosamente para o futuro, um futuro a construir *a fundamentis*. O novo sistema estava sendo *desenhado* com uma tinta forte: não mais uma democracia de fachada (como a pré-fascista), mas uma democracia autenticamente *plural*, a qual cobriria com uma inquestionável paridade de dignidade homens e mulheres, possuidores e quem nada tivesse; uma República finalmente liberada das traições e das inépcias de um poder monárquico, que sobrevivera sem esforço revestindo-se das longínquas benemerências do *Risorgimento*; uma realidade profundamente inovadora como a Assembleia Constituinte, formada pelos melhores intelectuais antifascistas, chamada a *ler* nas raízes de um povo doravante livre, identificar valores e interesses compartilhados de tal modo que pudesse formar um complexo orgânico de princípios supremos válidos para *constituir* o tecido fundante, substancial e não ficticiamente fundante, da comunidade republicana. Em 1951 todas essas novidades estavam presentes e vivificavam, por assim dizer, o ar que todos – sem exclusão de ninguém – podiam respirar. Sobretudo, a mensagem da Constituição falava com clareza: em lugar de um indivíduo egocêntrico se destacava a *pessoa* como criatura evidentemente relacional, isto é, pensada em

CAPÍTULO IV - UM JURISTA NOVATO NOS ANOS...

relação estreita com os outros, com uma conotação de íntima socialidade;[37] o "social" e o "coletivo", recuperados da remoção da pretérita ordem burguesa, eram chamados a integrar o cidadão individual, enquanto a inteira comunidade resultava impregnada de fortes vínculos de solidariedade.[38]

Não somente, mas, propondo ao lado do *Estado* a realidade ampla e aberta da *República*, a Constituição vinha por isso mesmo propor uma realidade intrinsecamente pluriordenamental, em cujo interior sobressaía como ordenamento prevalente o estatal, precioso por garantir – em primeiro lugar – a tutela das liberdades na vida associativa, mas que não exauria em si a dimensão da juridicidade.

Nesse ponto, é necessária, contudo, uma constatação particular: em 1951, a Constituição pairava deveras improdutiva sobre as cabeças dos juristas

---

[37] Era justamente sobre esse novo sujeito que fora construído todo o Relatório do constituinte Giorgio La Pira, que servia de introdução aos trabalhos da Comissão encarregada de delinear os direitos e deveres do cidadão e as suas relações com o poder. Do Relatório se extraiu o fermento de toda a primeira parte da futura Carta.

[38] E é em um dos artigos mais fundamentais de toda a Carta, o artigo 2º, que se fala expressamente "dos deveres inderrogáveis de solidariedade política, econômica e social" aos quais todos são chamados.

italianos, paradoxal situação que se arrastaria por muitos anos. Os modelos iluministas/jacobinos que entraram profundamente naquelas cabeças conseguiram deixar nelas uma marca de inatacável e obstinado positivismo jurídico. E a Constituição, admirada pela nobreza dos seus princípios, permanecia o testemunho egrégio de uma filosofia política voltada ao legislador e que o legislador era obrigado a traduzir em normas jurídicas. O direito era, entretanto, outra coisa, e não podia deixar de se identificar nos comandos saídos do laboratório do Parlamento nacional. Estatismo e normativismo eram paradigmas exclusivos dos juristas, que não conheciam outros. Esses juristas, por sua vez, representavam somente a sombra desfocada daqueles intérpretes "inventores" que haviam sido os juristas romanos e medievais assim como aqueles que atuavam no planeta do *common law*.[39]

---

[39] Intérprete é um termo usado aqui em antítese a exegeta. O intérprete – e, como se diz no texto, o foram os juristas romanos e medievais, e o são ainda hoje os do *common law* – é um mediador entre a lei velha e fatos sociais novos, frequentemente é também um suplente em razão das ausências, da surdez e das impotências do legislador. Na Itália, nas últimas décadas, aflorou uma consciência nova. Diante da rápida e intensa transição que estamos vivendo e que demonstra concretamente a incapacidade do legislador de ordenar completamente o magma social, estabeleceu-se uma forte influência da filosofia hermenêutica, que reavalia a personalidade

CAPÍTULO IV - UM JURISTA NOVATO NOS ANOS...

Contentes de balbuciar explicações passivas de comandos contidos em leis e códigos, contentes de fornecer algum aparelho ortopédico para o claudicar do legislador, recolheram-se de bom grado – por preguiça cultural – naquele mínimo espaço que lhes fora concedido pelo reducionismo moderno. E continuava a imperar, apesar da Constituição – e, ousemos dizê-lo, contra a Constituição –, o monopólio do legislador, e continuavam as mitologias chamadas a sustentá-lo, enquanto as fontes estavam enredadas

---

do intérprete com relação à rigidez do comando escrito. Há aqui um conspícuo deslocamento de atenção do momento de produção da norma e da vontade potestativa selada em um texto para a sua vida no tempo e no espaço. O processo normativo se mostra como não exaustivo no seu momento genético, mas chega a englobar o momento interpretativo/aplicativo, que passa a ser interior ao processo formativo da norma. O intérprete nao é, portanto, um exegeta passivo da vontade de outrem, mas aquele que dobra a dureza do comando aos fatos novíssimos do tempo da aplicação. Um esclarecimento: quando aqui se usa a palavra "invenção/inventor", não é no significado comum que se lhe dá hoje. É, se se quiser, um latinismo, porque remete ao latim *inventio/inventor*, que significavam buscar para encontrar. Em suma, com essa terminologia aparentemente destoante, mas substancialmente bem escolhida, quer se apontar que o direito nunca é uma criação do poder de um Soberano ou da providência técnica de um sábio ou de um juiz. O direito é, sob este ponto de vista, uma realidade que preexiste ao legislador, ao sábio, ao juiz, consistindo naqueles valores compartilhados e observados que estão nas raízes de uma comunidade.

e contraídas naquela hierarquia rigidíssima que ainda está formalmente presente nas *pré-leis*[40] ao Código Civil de 1942, até hoje vigente na sua ossatura na Itália.

É – o que lamentamos – uma atitude que caracteriza todo e qualquer jurista de um país de *civil law*, mas que sacrifica de modo particular o civilista, o qual se move coberto pela sombra salvífica do Código (e de alguma lei especial), apesar de que, precisamente no início dos anos 50, ressoassem advertências de relevantes autores sobre a natural extraestatalidade do direito civil,[41] com um sentido chamado do direito aos juristas[42] como uma salvação dos

---

[40] Com o termo "pré-leis" (*preleggi*) faz-se referência usualmente às "Disposições sobre a lei em geral" preliminares ao *Código Civil de 1942*. Muitas das disposições originárias foram modificadas oportunamente; formalmente, não obstante todas as mudanças em curso, permanecem intactas justamente aquelas que dizem respeito a uma rígida hierarquização das fontes (com um consequente agigantamento da lei) e uma concepção sufocante da interpretação mediante uma visão meramente estatal do direito.

[41] VASSALLI, F. "Estrastatualità del diritto civile" (1951). *In: Studi giuridici*. Milão: Giuffrè, 1960, vol. 3, tomo II. Advertência especialmente balizada, uma vez que provém do jurisconsulto que conduziu a recente obra de codificação civil.

[42] "Reclamar o direito para os juristas" é a advertência e o desejo do mesmo grande historiador do direito e civilista autor da reivindicação da extraestatalidade referido na nota precedente. Cf. VASSALLI, F. "La missione del giurista nella

CAPÍTULO IV - UM JURISTA NOVATO NOS ANOS...

esclerosamentos codicistas/legislativos por natureza insensíveis ao devir da sociedade.

Estão por vir – e estão ainda distantes – os tempos em que, nos anos 60, se começará, por obra de Rosario Nicolò (1910-1987), de Pietro Rescigno, de Stefano Rodotà (1933-2017), de Pietro Perlingieri,[43] a medir os comandos de um código com base nos valores supremos expressos na Constituição, jurídicos não menos que aqueles comandos. Em 1950, que eu saiba, mostra-se exígua e isolada a voz de um civilista assaz herético nas suas propostas científicas, Enrico Finzi (1884-1973), quando, em relação ao primeiro comentário à recém-nascida Carta, falou de "novas tarefas da doutrina de direito privado em função da Constituição".[44]

---

elaborazione delle leggi" (1950). *In: Studi giuridici*. Milão: Giuffrè, vol. 3, tomo II, 1960, p. 750.

[43] O ponto de partida dessas reflexões se pode ver em NICOLÒ, R. "Codice Civile". *In: Enciclopedia del diritto*. Milão: Giuffrè, vol. 7. *In: Diritto civile*. Milão: Giuffrè, vol. 7, 1964; RESCIGNO, P. "Per una rilettura del Codice Civile". *In: Giurisprudenza italiana*, 1968, p. 4. *In:* PERLINGIERI, P. *Il diritto civile nella legalità costituzionale*. Nápoles: Ed. Scientifica, 1984. Quanto a Rodotà, veja-se adiante.

[44] FINZI, E. "Riflessi privatistici della Costituzione". *In:* LEVI, A.; CALAMANDREI, P. (Coords.). *Commentario sistematico alla Costituzione italiana*. Florença: Barbera, 1950.

PAOLO GROSSI

Dois exemplos me parecem comprovar o que foi dito.

O primeiro: atentíssimo que eu era às lições dos meus professores, no fundo do seu discurso eu percebia a presença ideal de um notabilíssimo e corajoso jurista italiano, Santi Romano, falecido somente quatro anos antes, sem dúvida um interlocutor imprescindível com a sua proposta inovadora de 1918 e com o testamento espiritual dos seus últimos *Frammenti di un dizionario giuridico*,[45] mas com a precisa vontade de furtar-se ao núcleo libertador (mas também "subversivo") das suas construções teóricas.[46] De Santi Romano, na ciência jurídica italiana

---

[45] ROMANO, Santi. Frammenti di un dizionario giuridico. Milão: Giuffrè, 1947.

[46] Santi Romano (1875-1947), professor de Direito Constitucional e de Direito Administrativo em diversas universidades italianas, é o jurista que mais inovou no que diz respeito às bases teóricas da ciência jurídica do século XX na Itália. Como se indica no texto, o seu manifesto programático se encontra sobretudo em um ensaio de 1918 intitulado *O ordenamento jurídico* (Florianópolis: Boiteux, 2008, tradução de Arno Dal Ri Jr.)., no qual compreende a essência do direito como "ordenamento". As suas construções teóricas eram libertadoras e culturalmente "subversivas", porque invertiam o ponto de vista a partir do qual se deve observar o direito. Com efeito, concebê-lo como "ordenamento" antes mesmo do que como "norma" (comando) tinha o significado preciso de obrigá-lo a prestar contas à realidade social que deve ser

CAPÍTULO IV - UM JURISTA NOVATO NOS ANOS...

inclusive das décadas seguintes, se falará sempre muito, sem que o grosseiro positivismo, do qual ela se nutrira à saciedade, recebesse senão alguns arranhões.

O segundo: a "função social", que o artigo 42 da Constituição conecta inseparavelmente à propriedade privada, é atenuada na primeira interpretação dos civilistas, identificando-a com uma branda orientação sem qualquer valor técnico-jurídico; um convite – ou, quando muito, uma advertência – ao proprietário. Somente em 1960, como se disse acima, Stefano Rodotà, jovem civilista aluno de Rosario Nicolò, dotado da coragem cultural de derrubar cômodos comportamentos elusivos e utilizando algumas proposições de Enrico Finzi e Salvatore Pugliatti, se fará o portador de uma visão mais correta (correta em relação ao desígnio dos Constituintes) que compreende a função social como caráter interno e intrínseco à estrutura jurídica de toda propriedade.[47]

---

ordenada, com o baixo clero dos fatos, rejeitando a ideia da sua pureza e propondo – ao contrário – a da sua ineliminável factualidade. O direito volta a ser concebido como "invenção" (*inventio*), como realidade imanente nos estratos radicais da sociedade, em que o legislador deve inicialmente buscá-lo, encontrá-lo, registrá-lo.

[47] "Note critiche in tema di proprietà", ensaio publicado em 1960, no fascículo 4º da *Rivista trimestrale di diritto e*

PAOLO GROSSI

Quem, como eu, se prestava, após a graduação concluída em 1955, a percorrer um itinerário de estudos carregado de uma preparação prevalentemente civilista, tinha diante de si unicamente dois caminhos: o de uma chã e cômoda exegese, uma existência apartada que obrigava a pesquisa a voar muito baixo, encerrando-a em um saber exclusivamente técnico com frequência totalmente destacado da dinâmica social e cultural; ou o de voar em um nível aparentemente mais alto, tratando de teorizar pináculos góticos sobre o limitadíssimo fundamento de uma limitada base normativa (ou seja, italiana, positiva, legislativa), construindo desse modo somente uma pseudodogmática. Nesse caso, o risco era de voar com asas mutiladas, e justamente a doutrina civilista italiana dava disso um exemplo claro com as *Dottrine generali del diritto civile* propostas em 1954 por Francesco Santoro-Passarelli (1902-1995), que intitulava assim a quarta edição do seu "manual" institucional de direito privado.[48]

---

procedura civile. In: RODOTÀ, S. *Il terribile diritto:* studi sulla proprietà privata. Bolonha: Il Mulino, 1981.

[48] PASSARELLI, Fracesco Santoro. Dottrine generali del diritto civile. Nápoles: Jovene.

capítulo V

sobre a salvação cultural daquele jurista novato: a "história do direito italiano"

Naqueles primeiros anos da década de 1950, a salvação cultural podia provir de outros e diferentes caminhos. Nutrindo uma predileção pelo direito canônico,[49] eu solicitara redigir no âmbito dessa

---

[49] Eu expus o porquê dessa minha predileção originária canonista em outro lugar, para o qual remeto diretamente a fim de não perturbar a continuidade do nosso fio discursivo: *Uno storico del diritto alla ricerca di se stesso*. Bolonha: Il Mulino, 2008.

disciplina o meu trabalho de conclusão de curso, definindo com o professor um tema de história do direito canônico. Transferido, inopinadamente, para a Universidade de Roma e permanecendo vaga a sua cátedra, foi inevitável a mudança do meu tema para a história do direito. E aqui começa para mim o que foi uma dupla salvação. Primeiramente, iniciar um itinerário na história do direito, ao qual comecei a unir uma constante familiaridade com o direito agrário. Busquemos motivar melhor essas afirmações, começando por tornar mais precisa a primeira.

O exercício obrigatório para quem pretendia pôr-se à prova naquela que era qualificada, nos programas ministeriais, como a "história do direito italiano", era constituído pela experiência jurídica medieval, uma razão histórica não suficientemente investigada sob o aspecto jurídico e em que as lacunas historiográficas eram muito vistosas. Depois que Francesco Calasso, algumas décadas atrás e justamente em sua cátedra florentina,[50] havia chamado

---

[50] Francesco Calasso (1904-1965), profundo inovador, graças às suas matrizes idealistas, no estudo e no ensino da "história do direito italiano", foi professor por uma década (de 1935 a 1945) na Faculdade de Direito de Florença, e foi sobretudo nela que, em memoráveis aulas, ele delineou as arquiteturas do direito comum europeu da Idade Média tardia, estimulando pesquisas específicas no tecido da experiência.

CAPÍTULO V - SOBRE A SALVAÇÃO CULTURAL...

atenção para a grande manifestação do *ius commune* europeu do maduro Medievo, um terreno ainda totalmente por descobrir nas suas robustas construções doutrinárias, achei que deveria aceitar aquele convite dedicando-me a um aprofundamento nas sistematizações do direito privado e sobretudo do direito civil. Não se tratava de um *ius romanum medii aevi* como propunha a restrita visão do grandíssimo Savigny (1779-1861) e de romanistas do século XX como Riccobono (1864-1958) e Brugi (1855-1934), mera sequência e apêndice incolor do poderoso direito romano da Antiguidade, mas de sistematizações teoricamente majestosas produzidas por grandes mestres universitários nas universidades de toda a Europa com o objetivo de fornecer à experiência da nova era[51] arcabouços teóricos convenientes para ordenar uma sociedade profundamente diversa da sociedade romana antiga (seja clássica, seja justinianeia).

---

[51] Quando falamos aqui de "nova era", fazemos referência ao fim do século XI, que, embora não rompa com a unidade da civilização jurídica medieval, realiza mudanças de não pouco relevo: uma civilização que já não é somente agrária, mas também citadina e mercantil, além de constituir-se em um momento grandemente sapiencial com o florescimento de tantas instituições universitárias, um direito comum europeu configurado como um entrelaçamento jurídico de cunho predominantemente teórico.

Escolhi como tema o campo delicado e vital do *dominium* e dos direitos reais, no qual o antigo sistema quiritário fora objeto de uma completa remodelação segundo as exigências das novas estruturas sociojurídicas. E iniciei toda uma série de escavações que demandaram o meu empenho por muitas décadas, entre 1960 e 1990 aproximadamente.[52] Sobressaía uma ordem jurídica extraordinariamente complexa, mas também extraordinariamente plural. Sobressaía a distância dos legisladores e, ao contrário, a preeminência de costumes que encontraram em uma ciência jurídica consciente a sua definição e sistematização teórica. Descobria-se um laborioso ateliê no qual os protagonistas eram "doutores", mas também juízes e advogados; descobria-se uma paisagem na qual o resultado mais grandioso consistia em um direito sem Estado,[53] uma paisagem na qual era tangível a ausência de um poder político totalizante, todo-compreensivo, tal qual o futuro Estado da modernidade, e na qual o direito privado, provindo

---

[52] GROSSI, P. *Il dominio e le cose:* percezioni medievali e moderne dei diritti reali. Milão: Giuffrè, 1992.

[53] GROSSI, P. "Um direito sem Estado: a noção de autonomia como fundamento da constituição jurídica medieval (1996)". *In: História da cultura jurídica*: o direito como experiência entre Medievo e pós-modernidade. Belo Horizonte: Lafayette, 2021.

CAPÍTULO V - SOBRE A SALVAÇÃO CULTURAL...

imediatamente do seio da sociedade, era sobretudo obra de juristas intérpretes dedicados a um grande trabalho de *invenção*[54] e, portanto, de leitura e transcrição de valores fundantes em arquiteturas juridicamente muito perspicazes.[55] Tive também, por outro lado, a possibilidade de aprender que, na realidade não somente geograficamente insular do Reino da Inglaterra, no qual as novidades perturbadoras da Revolução Francesa jamais fincarão raízes, persistira com vida efetiva, em perfeita continuidade entre o Medievo e a modernidade, um direito, o *common law*, confiado muito mais aos juristas (aí aos juízes) que ao poder político e à sua atividade legislativa.

Em suma, eu tinha diante de mim, graças às minhas indagações de historiador do direito, experiências que ignoravam o reducionismo/simplismo estatal moderno e, por conseguinte, o legalismo positivista que muito penetrara na visão dos juristas continentais. Conquanto na ordem medieval e pós-medieval – estritamente estamental – sobressaíssem também iniquidades e discriminações, no meu coração, o

---

[54] "Invenção" com o significado indicado anteriormente na nota 37.

[55] É a proposta interpretativa que sustenta o meu ensaio sintético (1995) *A ordem jurídica medieval*. São Paulo: WMF Martins Fontes, 2014. (Trad. Denise Rossato Agostinetti).

olhar para além da modernidade, dos seus axiomas e das suas pseudocertezas, consentia-me assumir um comportamento altamente problemático em relação ao absolutismo jurídico, que o jurista novato dos anos 50 começava a entrever como asfixiante e sobretudo sufocante da complexidade natural da ordem jurídica. Desejo acrescentar que a tentativa de esclarecer o teor jurídico da remodelação medieval dos direitos reais desnudava em toda a sua negatividade as constrições puramente ideológicas do modelo único de propriedade individual cunhado com precisão nos ateliês dos séculos XVIII e XIX.[56]

---

[56] Com efeito, na experiência medieval, práxis e ciência jurídica olham para a propriedade mais de baixo para cima do que de cima para baixo. Quero dizer com isso que elas dão um grande relevo às coisas, às suas estruturas objetivas, mais do que à vontade do sujeito proprietário; e é por isso que, longe de sacralizar a propriedade ligando-a à liberdade do indivíduo, multiplicam as propriedades segundo as várias e diversas dimensões daquela realidade complexa que é a coisa por excelência, isto é, a terra. Na reflexão do direito comum, um ponto central é justamente a divisão do domínio unitário, falando pelo menos de duas situações da propriedade, o domínio direto e o domínio útil.

capítulo VI
sobre a salvação cultural daquele jurista novato: o "direito agrário"

Passo à minha salvação agrarista. O "direito agrário", como disciplina optativa do currículo de Direito, não foi para mim um objeto de estudo durante o quadriênio das "disciplinas" universitárias, também porque era uma disciplina ministrada apenas na Faculdade de Ciências Agrárias em um centro de ensino muito afastado da Faculdade de Direito. Comecei a me familiarizar com ela imediatamente depois da graduação, por uma razão – no início – absolutamente casual.

PAOLO GROSSI

Na condição de simples "assistente voluntário", fui logo em seguida em busca daquele mínimo de remuneração que me permitiria continuar os estudos de história do direito, aquele mínimo que, nem a mim nem a tantos outros, tinha condições de prover a minha faculdade materna. Uma solução foi encontrada no Instituto de Direito Agrário Internacional e Comparado (Idaic), um ente público de pesquisa fundado em Florença graças ao prodigioso e eficiente ativismo do professor de Direito Agrário Giangastone Bolla (1882-1971).[57]

O Prof. Giangastone Bolla teve muitos méritos em Florença entre os anos 20 e 60. De formação não civilista, sofria de muitas carências no que diz respeito ao perfil teorético. Provinha da advocacia e desde jovem entrara na prática daquela realidade altamente promocional no plano econômico-social que foi entre os séculos XIX e XX o *crédito agrário*. Observador atento da dimensão jurídica em sua concretização experiencial, compreendeu com lúcida intuição que o direito civil unitário, então percebido pelos catedráticos academicamente protagonistas como o reino das mais ousadas

---

[57] Quem quiser saber mais sobre a questão pode ler o proveitoso opúsculo escrito por Alberto Germanò, *L'Istituto di diritto agrario internazionale e comparato:* la storia. Nápoles: Ed. Scientifica, 2017.

CAPÍTULO VI - SOBRE A SALVAÇÃO CULTURAL...

abstrações pandectistas,[58] levava à compressão daquelas regiões do direito privado cheias de uma intensa e inextricável factualidade. Se o "direito comercial" se libertara – havia já séculos – da servidão civilista graças à potência social e econômica da classe mercantil, o mesmo não se podia dizer do "direito agrário", que a civilização burguesa havia reduzido sob a exaltação civilista da propriedade, do nexo propriedade-liberdade e dos poderes absolutos do sujeito proprietário.

Giangastone Bolla intuiu que a pesada factualidade, da qual estavam embebidos o cultivo e a produção agrária, era tal que podia indicar uma região do direito privado que precisava de regras que

---

[58] Diferentemente da França, onde Napoleão viabilizou uma codificação geral nos primeiros anos do século XIX, na Alemanha haverá um Código somente a partir de 1900, ano em que entrou em vigor o *Bürgerliches Gesetzbuch*. Até este momento, a fonte prevalente era representada pela ciência jurídica, que, trabalhando sobre a velha consolidação de Justiniano de 1.300 antes, e sobretudo sobre o *Digesto* (Pandectas), construiu teorizações válidas para ordenar uma civilização que vivia um capitalismo maduro. Essa reflexão científica foi qualificada de "Pandectista", e com o seu formalismo e purismo (o direito como ciência pura!) influenciou de modo determinante a abstração do futuro *BGB de 1900*, mas também o desenvolvimento do direito civil italiano a partir da segunda metade do século XIX.

respeitassem essa factualidade.[59] Ele havia criado para si um instrumento adequado de comunicação fundando, em 1922, a *Rivista di diritto agrario* e encontrando um nicho abrangente na academia florentina dos agrônomos, benemérita pela sua função promocional no campo econômico desde os tempos do grão-ducado, mas certamente uma associação mais de agrônomos e economistas que de juristas. Sob a égide dos agrônomos, organizara em 1935 o primeiro congresso nacional de direito agrário, memorável pelas notáveis contribuições científicas e, particularmente, pela Comunicação apresentada por Enrico Finzi, já mencionado acima, como uma primeira e corajosa (embora herético, segundo o seu costume) tentativa de construção de uma nova propriedade partindo não do sujeito, mas da estrutura mesma das coisas,[60] daquela que ele chamava eficazmente de "ateliê das coisas".

---

[59] Sobre essas instituições de Giangastone Bolla e sobre o nascimento de um "direito agrário" com muitas conformações autônomas, remeto ao que escrevi recentemente acerca do tema: GROSSI, P. "Fattualità del diritto pos-moderno: l'emersione di un diritto 'agrario' in Italia". In: *Diritto agroalimentare* (2016), vol. 1, pp. 9 e ss.

[60] FINZI, Enrico. *Diritto di proprietà e disciplina della produzione. In:* GROSSI, P. *L'officina dele cose:* scritti minori. Milão: Giuffrè, 2013, p. 47.

CAPÍTULO VI - SOBRE A SALVAÇÃO CULTURAL...

Aquela abordagem perene dos fatos – geológicos, técnicos, econômicos –, que surgia como o afã primário dos agraristas e que os diferenciava muito dos civilistas que pairavam no seu paraíso de conceitos, encontrou uma singular sintonia com o historiador do direito habituado ao empirismo do *ius commune* e do *common law*.

capítulo VII

sobre um aspecto particular da salvação "agrarista": uma abordagem direta da realidade das estruturas fundiárias coletivas

A isso se soma um enriquecimento que eu não previra, e que proveio justamente do ativismo pessoal do advogado Giangastone Bolla.

Já durante os anos da Segunda Guerra Mundial são manifestos os seus contatos com muitas coletividades

PAOLO GROSSI

do arco alpino oriental e o início de uma longa operosidade forense pela sua tutela. Com efeito, é em
1943 que surgem amplos memoriais de defesa reali-
zados para algumas regras de Cadore,[61] e é em 1943,
no último ano da sua revista *Archivio Vittorio Scialoja*
per le consuetudini giuridiche agrarie e le tradizioni popolari
italiane,[62] que é publicada uma primeira reflexão de
caráter científico especificamente dedicada "à tutela e
à organização da propriedade coletiva dos territórios
alpinos e em especial do Cadore. Notas e propostas
para uma maior aderência da Lei n. 1.766, de 16 de
junho de 1927, a situações particulares".[63]

---

[61]　*R. Corte d'Appello di Roma (sezione usi civici)*: in replica al
Comune di S. Stefano (appellante) per le Regole frazioni di
S. Stefano di Cadore, di Campolongo, di Casada e di Cos-
talissoio. Florença: Tip. Coppini, 1943; *R. Corte d'Appello di
Roma (sezione usi civici):* comparsa integrativa di Campolongo,
di Casada e di Costalissoio. Florença: Tip. Coppini, 1943.

[62]　Trata-se da revista que talvez fosse a preferida de Giangastone Bolla, porque seguia as diretrizes de um projeto cultural:
afirmar a autonomia do direito agrário como ramo jurídico
que obtinha a sua especificidade pelo fato de se fundar não
em atos de vontade do poder político (ou seja, em leis), mas
sobretudo em um forte tecido de costumes. Por isso o Arquivo
Vittorio Scialoja, nos não muitos anos da sua existência (1934-
1943), foi aberto a contribuições, sejam meramente históricas,
sejam de caráter interessantemente antropológico e etnológico.

[63]　Cf. *Archivio Vittorio Scialoja*, 1943, vol. 10, pp. 25-41. Não
é irrelevante que Giangastone Bolla, neste mesmo fascículo,

CAPÍTULO VII - SOBRE UM ASPECTO...

Quando eu, ao fim de 1955, iniciei uma colaboração estável com Giangastone Bolla no Idaic, a sua atividade de advogado e de jus-agrarista havia se bifurcado em duas direções: de um lado, continuava a sua fértil ação de organização de congressos para dar ao "direito agrário" maior consistência científica;[64] de outro, continuava também a sua ação em prol de uma mais correta compreensão da natureza jurídica das estruturas fundiárias coletivas do arco alpino oriental, aplicada em obstinadas e frutíferas defesas judiciais, mas também em uma numerosa série de ensaios para o necessário suporte científico.

Estes eram os testemunhos de uma vivíssima curiosidade intelectual e de uma igualmente viva sensibilidade ao perfil ético e social das instituições estudadas, tendo como base a forte intuição de que

---

tenha publicado dois *laudi regolieri*, isto é, dois testemunhos da autonomia estatutária de estruturas fundiárias coletivas, entre os "Documenti per la storia giuridica dell'agricoltura".

[64] Como se lembrou anteriormente, no primeiro Congresso Nacional de 1935, no qual foi feita a Comunicação de E. Finzi, tampouco se pode negligenciar menção no terceiro Congresso Nacional de Direito Agrário de 1952 e à Comunicação proferida por Salvatore Pugliatti sobre "La proprietà e le proprietà, con riguardo particolare alla proprietà terriera" (inserido, posteriormente, pelo autor na coleção. *In:* PUGLIATTI, S. *La proprietà nel nuovo diritto.* Milão: Giuffrè, 1954).

precisava pedir ajuda – para além das formas jurídicas – a fundamentos históricos, antropológicos e etnográficos.[65] São ensaios que, se observados com os olhos severos do filólogo e do historiador, mostram certa carência, desenvoltura, ingenuidade, mas mostram que estão apoiados – e é o seu grande mérito – em duas intuições de grande importância: que a lei fascista de 1927, colocando as manifestações multiformes das estruturas fundiárias coletivas da península no apertado figurino dos "usos cívicos" e comprimindo-as em uma compacta visão publicista, operara um reducionismo geral e sacrificara muitas organizações social, econômica e juridicamente distantes daquele *ius in re aliena* encarnado no uso cívico;[66] que muitas das estruturas – as mais sólidas,

---

[65] Os ensaios mais relevantes estão reunidos na coleção realizada pelo próprio Giangastone. *In:* BOLLA, G. *Scritti di diritto agrario.* Milão: Giuffrè, 1963. Examinei-os na sua inteireza em "Assolutismo giuridico e proprietà collettive" (1991). *In:* GROSSI, P. *Il dominio e le cose:* percezioni medievali e moderne dei diritti reali. Milão: Giuffrè, 1992.

[66] Muitos anos depois, em 1985, Guido Cervati, um personagem que unia na sua profissionalidade o homem de ciência e o grande advogado, ele que embora não tivesse deixado de endereçar um grande reconhecimento à lei de 1927, diante da absorção da assaz polimorfa realidade das estruturas fundiárias coletivas italianas na noção inadequada de usos cívicos, prorromperá no seguinte veredito negativo: "é de modo a colocar uma cortina de névoa" (CERVATI,

CAPÍTULO VII - SOBRE UM ASPECTO...

as mais observadas pela tenacidade das populações – realizavam e realizam uma forma alternativa à propriedade individual da tradição do direito romano (que se tornara tradição oficialmente imposta como modelo único no Reino). E Giangastone Bolla bradava o seu objetivo: "subtrair à lei vigente de 16 de junho de 1927 sobre os usos cívicos as terras comuns em cujo ordenamento prevalecem princípios de direito privado",[67] advertindo – de modo histórico e teórico – que "os consortes não são titulares de *ius in re aliena* mas de um direito *in re propria*".[68]

G. "Ancora dei diritti delle popolazioni, usi e terre civiche e competenze regionali". *In: Terre collettive e usi civici tra Stato e Regione: Atti* del Convegno di Fiuggi, 25-26-27 de outubro de 1985, Regione Lazio, s. l. e s. d., p. 62). Em 2018, um altíssimo magistrado, que felizmente vê a longínqua lei fascista com olhos profundamente purificados por uma inovativa Lei do Parlamento Nacional (a Lei n. 168 de 2018), fala francamente de "realidades históricas diversas, que a lei de 1927 havia ofuscado" (cf. Corte di Cassazione. Seconda Sezione Civile, sent. n. 24978, 2018, Relatore lo stesso presidente Felice Manna).

[67] BOLLA, G. "Terre civiche e proprietà comuni di consorti coeredi regolate dal Laudo" (1951). *In:* _____. *Scritti di diritto agrario*. Milão: Giuffrè, 1963, p. 599.

[68] BOLLA, G. "Le comunioni familiari ereditarie dei territori alpini e la legge 16 giugno 1927 sul riordinamento degli usi civici" (1947). *In:* _____. *Scritti di diritto agrario*. Milão: Giuffrè, 1963, p. 502.

PAOLO GROSSI

É a aquisição cultural e técnica da *alteridade* de muitas dessas estruturas o mérito principal de Giangastone Bolla, levando-se em consideração sobretudo o momento produtivo em que o jurista florentino chegou àquela solução robusta (mas até então herética). O resultado foi, certamente, muito fecundo no plano cultural, porque se descobria desse modo uma pluralidade de visões acerca do pertencimento do bem/terra e se encontrava a complexidade da paisagem sociojurídica apesar da herança do pesado reducionismo moderno.

Nos *Anais* do Congresso regional vêneto para o melhoramento da economia montanhesa ocorrido em Belluno, em 1946, Giangastone Bolla profere uma Comunicação na qual pretende fazer um exame da sua ação teórica e prática. Vale a pena dar-lhe a palavra: "a longa e nem sempre fácil pesquisa realizada em fontes do direito popular de Cadore – o Estatuto de Cadore e os *Laudi* – foi conduzida com método positivo e indutivo; e pela observação dos fatos feita no Comélico e no Ampezzano e, para fins de controle, no Trentino, no Alto Ádige e alhures... é possível estabelecer de modo certo que, no caso específico, não se trata de usos ou de abusos, de privilégios ou de usurpações, mas de um modo de possuir a terra, de um regime insubstituível de gozo do solo que é impossível modificar sem destruir ao mesmo tempo uma economia local mais que

CAPÍTULO VII - SOBRE UM ASPECTO...

milenar".[69] Vêm à mente Ghino Valenti, Giovanni Zucconi, Tommaso Tittoni,[70] os quais, como precursores, haviam ido nas últimas décadas do século XIX ao Apenino das Marcas ou ao interior da Tuscia para constatar indutivamente, em campo, a extensão, a estruturação e o grau de incidência das estruturas fundiárias coletivas, deixando falar as coisas, depois que o legislador se pronunciara, com frequência demasiada, sem nenhuma noção segura do que iria liquidar ou violentar, encastelado em suas indiscutíveis e inamovíveis prevenções. Primeiramente para Valenti, Zucconi e Tittoni, agora para Giangastone Bolla, a satisfação era ver escrito sobre a terra o desenho resoluto de "um outro modo de possuir".

Aqui é importante mencionar outro filão de pesquisa – antes apenas aludido – que, utilizando embora outros ângulos de observação, ainda assim levava igualmente Giangastone Bolla ao resultado desejado de ver escrita nas coisas a realidade objetiva das estruturas fundiárias coletivas, isto é, o fruto

---

[69] BOLLA, G. "La proprietà regoliera del Cadore e la legge sugli usi civici". *In: Atti* del Convegno regionale veneto per il miglioramento dell'economia montana, Belluno, 7-8 de setembro de 1946, Benetta, 1946, pp. 170-171.

[70] Mencionei Ghino Valenti na nota 26. Acerca de Giovanni Zucconi e Tommaso Tittoni se falará adiante. Por ora basta.

espontâneo da história e dos costumes e não uma invenção artificial. É precisamente o filão que aponta para a valorização do costume como fonte absolutamente caracterizadora.

A insistência de Giangastone Bolla nesse ponto nodal é de velha data, e de modo aberto pelo menos desde quando (1924), no seio propício da academia dos agrônomos, ele, plenamente persuadido do papel produtivo da dimensão consuetudinária, chega à proposta de recolher para inventariar e conhecer melhor o riquíssimo patrimônio de costumes agrários da península.[71] Muito mais tarde, ele teria de aceitar contrafeito quando, em 1930, o então ministro da Justiça Alfredo Rocco, esquecendo-se de que era um finíssimo jurista e sobretudo o valente cultor de uma ciência concreta e antidogmática como o "direito comercial", compondo, naquele ano, a "Comissão Real" para o recolhimento dos costumes, se deixou levar pelo grosseiro positivismo estatista e pela hostilidade contra o fenômeno consuetudinário como expressão de pluralismo jurídico.[72] Tão logo desapareceu

---

[71] Cf. BOLLA, G. "La raccolta nazionale delle consuetudini agrarie" (1924). *In:* _____. *Scritti di diritto agrario*. Milão: Giuffrè, 1963, pp. 195 e ss.

[72] As palavras de Rocco são referidas (e reprovadas) por Giangastone Bolla no primeiro ensaio redigido depois da queda do Regime (cf. "Consuetudini agrarie e necessità di

CAPÍTULO VII - SOBRE UM ASPECTO...

a sombra pesada da ditadura, a proposta é retomada e o costume é reafirmado como dimensão que caracteriza todo o direito agrário e, especificamente, as estruturas fundiárias do Cadore.[73]

Em 1951, em um escrito que já conhecemos, e que representa o momento de maturidade da reflexão de Giangastone Bolla,[74] o tom da voz do jurista se eleva, munido de uma consciência fundada, daí em diante, em uma certeza científica. É, com efeito, um escrito que se fecha com esse desiderato dirigido ao legislador nacional (não esqueçamos que ainda prospera a lei fascista de 1927): que "conserve o que se formou com base em uma antiquíssima experiência e em um tenaz trabalho" e que o faça preenchendo um verdadeiro vazio normativo "com uma

---

procedere ulteriormente alla loro raccolta". *In: Rivista di diritto agrario*, 1944-1947, vol. 23/26, p. 102).

[73] Apraz-me lembrar que a Idaic, criação de Giangastone Bolla, em 1985, quando ainda gozava de uma benfazeja autonomia, organizou e publicou junto à editora Patron, de Bolonha, uma *Raccolta sistematica degli usi agrari*.

[74] Trata-se de: BOLLA, G. "Terre civiche e proprietà comuni di consorti coeredi regolate dal Laudo" (1951). *In:* _____. *Scritti di diritto agrario*. Milão: Giuffrè, 1963), que Giangastone Bolla publica sobre o Arquivo do Alto Ádige, dirigido pelo linguista Carlo Battisti, colega na Faculdade de Letras de Florença e com quem o jurista está em contínuo e profícuo diálogo científico.

disciplina respeitosa da história jurídica do Cadore e do inteiro arco alpino oriental".[75] Giangastone Bolla chega ao ponto de propor uma *fórmula* (como ele chama), a ser introduzida no texto de lei, a saber: "as comunhões familiares das regiões de montanha no exercício da indústria agrossilvopastoril continuam a gozar e administrar os seus bens ancestrais em conformidade com os respectivos estatutos e costumes, reconhecidos pelo direito anterior sob o qual surgiram".[76] Pouco tempo depois, prodigiosamente, foi finalmente promulgada a Lei n. 991, de 25 de julho de 1952, a chamada primeira lei sobre a montanha, que, no artigo 34, concernente explicitamente às "comunhões familiares", estabelece: "Nenhuma inovação é efetuada no fato das comunhões familiares em vigor nos territórios de montanha no exercício da atividade agrossilvopastoril; tais comunhões continuam a gozar e a administrar os seus bens em conformidade com os respectivos estatutos e costumes reconhecidos pelo direito anterior". Não há como negar que o prestígio científico de Giangastone

---

[75] BOLLA, G. "Terre civiche e proprietà comuni di consorti coeredi regolate dal Laudo" (1951). *In:* _____. *Scritti di diritto agrario*. Milão: Giuffrè, 1963, p. 633.

[76] BOLLA, G. "Terre civiche e proprietà comuni di consorti coeredi regolate dal Laudo" (1951). *In:* _____. *Scritti di diritto agrario*. Milão: Giuffrè, 1963, p. 633.

CAPÍTULO VII - SOBRE UM ASPECTO...

Bolla tenha sido utilizado para obter-se semelhante resultado legislativo. O mestre, o cientista, pôde, dessa vez, transformar-se em "legislador". Giangastone Bolla, algum tempo depois, carregará um justo orgulho desse sucesso,[77] mas será o próprio legislador nacional que lhe dirigirá o reconhecimento mais lisonjeiro durante o procedimento de formação da segunda lei sobre a montanha.[78]

---

[77] Cf. BOLLA, G. "Criteri d'interpretazione e di applicazione dell'art. 34 della legge 25 luglio 1952, n. 991 in favore dei territori montani" (1960). *In:* _____. *Scritti di diritto agrario*. Milão: Giuffrè, 1963, p. 850.

[78] Cf. o que foi dito no Relatório da Comissão de Agricultura do Senado, no qual se faz questão de "lembrar a obra apaixonada desenvolvida por décadas na defesa das instituições particulares do arco alpino por um insigne estudioso já falecido, Giangastone Bolla, que soube restituir às populações uma plena consciência e confiança nesta participação coletiva na economia silvopastoril" (ROMAGNOLI, E.; TREBESCHI, C. *Comunioni familiari montane:* testi legislativi, sentenze, studi e bibliografia. Bréscia: Paideia, 1975, p. 68).

capítulo VIII

"um outro modo de possuir": a distante advertência de Carlo Cattaneo

O leitor talvez esteja entediado com a prolixidade da minha resenha dos textos, escrupulosamente referidos, de Giangastone Bolla. Foi de propósito, e não como um testemunho afetuoso de um devoto discípulo. Das suas páginas (assim como das longas conversas que eu tinha com ele na esplêndida residência na Villa Aurora alle Querce, situada nas primeiras colinas em direção de Fiesole) de fato não surgiam simples curiosidades histórico-jurídicas, e tampouco soluções de detalhe relativas a zonas muito limitadas do arco alpino oriental. Surgia, ao contrário, uma grande e geral solução para o problema das relações entre sujeito humano e *rerum natura*, uma escolha de fundo de caráter essencialmente antropológico.

Giangastone Bolla se refere amiúde nos seus escritos (e se referia em nossas distantes conversas) ao ícone imponente que foi Carlo Cattaneo (1801-1869), estudioso que tinha identificado – em um tempo remoto, em meados do século XIX – as estruturas fundiárias coletivas da planície de Magadino, no alto vale do rio Ticino, em território helvético, como "um outro modo de possuir".[79] Um ícone econômico-jurídico,[80] que – na eficacíssima página de Cattaneo – se inseria, exprimindo-a

---

[79] CATTANEO, C. "Su la bonificazione del Piano di Magadino a nome della Società promotrice. Primo rapporto". *In:* BERTOLINO, A. *Scritti economici.* Florença: Le Monnier, vol. 3, 1956, pp. 187-188.

[80] Como jurista, não posso não apontar um defeito de caráter técnico-jurídico no uso que Cattaneo faz do verbo "possuir". Ele o usa com a desenvoltura do economista e do politólogo, referindo-se geralmente ao pertencimento da terra. No léxico próprio dos juristas, "posse" e "possuir" têm, por outro lado, um significado específico, que não é o caso de explorar aqui, mas muito diverso da "propriedade" ou da simples detenção de fato. Deve-se, contudo, admirar a extraordinária eficácia do ícone Cattaneo, não ofuscada pelo equívoco venial que só um jurista pode constatar.

CAPÍTULO VIII - "UM OUTRO MODO DE...

plenamente, em outro e muito mais vasto ícone, ou seja, em "uma outra ordem social, que, inobservada, proveio de remotíssimos séculos até nós".

Duas civilizações contrapostas, sustentadas – primeiro que tudo – por escolhas antropológicas diversas. O grande intelectual milanês, nutrido de estudos jurídicos e econômicos, imerso no fervor capitalista da sua região materna e habituado às abastadas propriedades individuais das grandes terras lombardas, certamente não estava disposto a simpatizar com as coletividades sobre as quais fora chamado a exprimir um parecer preciso (como é demonstrado pela sua proposta final). A observação acurada dos dados estruturais, unida nele ao rigoroso culto do "positivo", gerou aquela extraordinária (e, para os sabichões, desconcertante) abordagem.

Era como o aflorar à superfície da reflexão econômico-jurídica italiana de um continente submerso, aquele continente que – daí a pouco, nos anos 70 – a mesma *Inchiesta agraria* do Parlamento nacional revelaria na sua desconcertante nudez aos intelectuais da península avessos à novidade. O texto de Cattaneo surge como um sinal, um alarme para muitos, uma advertência para poucos. Certamente é o presságio, no remoto ano de 1851, da grande disputa, que percorreria a partir dos anos 70 toda a

PAOLO GROSSI

Europa (compreendida a área insular inglesa), sobre o caráter originário da propriedade do homem primordial.

capítulo IX

o surgimento de um pluralismo proprietário na segunda metade do século xix: uma grande disputa europeia

Não se trata tampouco aqui de obscuras e estéreis disputas acadêmicas, conquanto um dos seus lugares escolhidos seja a parisiense *Académie de Sciences Morales et Politiques* recentemente reconstituída pelo rei Luís Filipe. Não está em jogo a *naturalidade* da propriedade individual nem, portanto, a sua conservação (ou subtração) no (ou do) sacrário em que a havia colocado o individualismo moderno. À parte o grande mentor Cattaneo, os protagonistas dessa disputa estão todos presentes nas páginas de Giangastone Bolla, elogiavelmente abertas a um espaço que se quer europeu e mundial (e estão presentes em sua biblioteca pessoal, que, em 1956, ainda estava – como bem lembro – situada em sua residência privada na Villa Aurora).

É preciso demorarmo-nos um pouco sobre essa disputa. Com efeito, estamos diante de um evento de grande relevo cultural. E será nas exposições eruditas, que ocuparão toda a segunda metade do século, que se chegará a um resultado salvífico: discute-se, polemiza-se, problematiza-se, relativiza-se. Pela primeira vez, após as dogmatizações modernas, abre-se caminho para uma visão já não somente monista. Legitima-se uma outra presença: a apreensão coletiva, que os inúmeros dados coletados por economistas, sociólogos, juristas, etnólogos, viajantes/exploradores indicam como a propriedade originária.

A disputa é acirrada. Pense-se, por exemplo, nos duelos de sangue de Fustel de Coulanges (1830-1889) com aqueles que ele chama com desprezo de

CAPÍTULO IX - O SURGIMENTO DE UM...

"advogados do coletivismo primordial".[81] É acirrada porque aqueles que nós podemos chamar de "advogados do individualismo possessivo" se dão conta do desmoronamento do edifício mítico cuidadosamente erguido à salvaguarda do pilar da ordem burguesa.

Despontam sobre todos, e propõem-se como os dois grandes dessacralizadores, o inglês Henry Maine (1822-1888) e o belga Émile de Laveleye (1882-1892), pródigos, ambos, de uma enorme quantidade de dados provenientes de todos os lugares do mundo e reveladores de uma realidade incômoda: nas origens, o homem conheceu apenas a apreensão coletiva dos bens; portanto, um choque capaz de abalar o paraíso terrestre do estado originário de natureza, no qual uma benévola divindade havia, segundo a vulgata burguesa, instilado no espírito de todo homem o princípio do *proprium* como atributo individual do sujeito.

É sem dúvida mérito do inglês Maine ter lançado, em 1861, um alerta com o seu enxuto mas ágil ensaio *Ancient Law*.[82] De fato, podia fazê-lo apenas

---

[81] GROSSI, P. *Un altro modo di possedere:* l'emersione di forme alternative di proprietà alla coscienza giuridica postunitaria. Milão: Giuffrè, 2017.

[82] MAINE, H. S. *Ancient Law:* its connection with the early history of society and its relation to modern ideas. Londres:

PAOLO GROSSI

alguém com a sua formação: possuidor de uma sólida educação jurídica, bom conhecedor do direito romano antigo, mas vivendo (e com os olhos bem abertos) naquele autêntico cruzamento de culturas jurídicas que era a Inglaterra da metade do século XVIII, senhora de meio mundo e daquele ponto em diante também do macrocosmo que é a Índia; imerso no *common law*, absorvera dele, até os ossos, um saudável empirismo e uma visão historicista do direito; ele tinha, portanto, um caráter pluralista salutar, que lhe tornava natural a comparação e o fazia inimigo jurado das dogmáticas, das mitologias que com frequência eram chamadas a fundá-las, de um saber apodítico e apriorístico, a começar pelas "*a priori* Theories based on the Hypothesis of a Law and State of Nature".[83]

Tudo isso fazia dele, naturalmente, um desmistificador, um relativizador, um combatente vitorioso contra uma ortodoxia fundada em pseudo verdades não demonstradas e impostas somente a uma servil aceitação. Sua proposta era tal que a tornava

---

John Murray, 1870. Existe também uma edição italiana publicada pela editora Giuffrè na sua coletânea *Civiltà del diritto*.

[83] Como escreverá em 1883, observando em retrospectiva o seu itinerário cultural: MAINE, H. S. *Dissertations on early Law and Custom*. Londres: John Murray, cap. 7, 1883, pp. 192-193.

CAPÍTULO IX - O SURGIMENTO DE UM...

necessariamente basilar para a futura grande disputa europeia, já que afastava toda e qualquer legitimação pseudo cultural graças às suas críticas erosivas calcadas em fundamentos solidamente culturais.[84]

Igualmente sonoro e extraordinariamente eficaz foi o alerta lançado, três anos depois, em 1874, por Émile de Laveleye, em seu exuberante volume *De la propriété et de ses formes primitives*, sonoro e eficaz, mas profundamente diferente. Maine era um jurista acadêmico e tinha a intenção de manter-se em um nível puramente cultural; Laveleye era um polígrafo eclético – um tanto jurista, economista, sociólogo, etnólogo – movido particularmente por duas finalidades: coletar o maior número de dados em escala global e colocá-los na base de uma proposta operacional; a primazia histórica (e, por isso, a indiscutível naturalidade) das estruturas fundiárias coletivas podem constituir (na sua visão) uma proteção contra as pretensões de um comunismo total, do qual deu um trágico exemplo a Comuna de Paris em 1871, e

---

[84] Maine exprime bem a sua atitude metodológica quando, em uma página de *Ancient Law* (MAINE, H. S. *Ancient Law: its connection with the early history of society and its relation to modern ideas*. Londres: John Murray, 1870, pp. 91-92), estigmatiza como *"Vices of mental Habit"* o *"Disdain of positive Law, Impatience of Experience and the Preference of a priori to all other Reasoning"*.

oferecer a possível realização de um reformismo moderado. À parte a ingenuidade da intenção, o grande volume do polígrafo belga será universalmente citado e apreciado pela riqueza da sua documentação, e do qual se farão muitas traduções.

Não nos interessa, para a finalidade deste ensaio, seguir o desdobramento da disputa, que assume cada vez mais uma espacialidade europeia. Já o fizemos no livro publicado em 1977 e a ele remetemos o leitor eventualmente interessado. Interessa-nos, em verdade, ver envolvidos nessa questão, na Itália sobretudo, romanistas, historiadores e filósofos do direito, todos ávidos de mostrarem o seu valor naquele verbo novo do qual eram porta-vozes convictos Maine e Laveleye, todos às voltas com aquela riquíssima realidade social, econômica e jurídica que pesquisas apaixonadas nas mais diferentes regiões europeias (e não somente nelas) tinham colocado em evidência, consignando nas suas páginas – até com muita desenvoltura – o Allmend suíço, o Almaenning sueco, a Marca germano-holandesa, os Masuirs da Bélgica, o Township escocês, o Mir russo, a Zadruga balcânica, o Rod da Eslováquia, realidades estas que assinalavam coletividades em ação na gestão do bem/terra.

Interessa-nos, aqui, uma específica concretização, que, nas espirais do vasto movimento europeu, se verificou na Itália nas décadas de 1880/1890, seja

CAPÍTULO IX - O SURGIMENTO DE UM...

no âmbito científico, seja em nível legislativo, colocando em ação as premissas das quais se valerá Giangastone Bolla para avançar uma compreensão substancialmente nova das estruturas fundiárias coletivas.

Em nível científico, é preciso mencionar a voz isolada de um civilista de caráter extraordinariamente herético. Referimo-nos ao solene discurso de abertura do ano acadêmico da Universidade de Camerino proferido em 1887 por Giacomo Venezian (1861-1915), discurso que já no título pretendia revestir--se de um tom provocador: "Reliquie della proprietà collettiva in Italia".[85] Giacomo Venezian era de fato um *homo novus* e dará mostras disso em todas as zonas do direito civil às quais lançará o seu olhar penetrante.[86] Sua preparação é extraordinária, isto é, *extra ordinem*: detesta as mumificações romanísticas (em suas próprias palavras!) e é seguramente o primeiro civilista italiano que olha com atenção para o planeta distante do *common law*, em tantos aspectos profundamente estranhos se comparados às dogmáticas abstratas do coro pandectista italiano. Em Bolonha, onde ele, de Trieste, recebe a sua formação jurídica,

---

[85] *In:* CALAMANDREI, P. *Opere giuridiche*. Roma: Athenaeum, vol. 2, 1920.

[86] Sobretudo nos temas da responsabilidade civil, da causa nos contratos e da aparência jurídica.

não pôde encontrar sintonia com seu patrono oficial, o civilista Regnoli, o advogado dos entes territoriais contra as estruturas coletivas emilianas, mas mostra de modo decisivo a influência do penalista Enrico Ferri e do seu desenvolto positivismo filosófico.

Quando ele começa sua docência civilista em Camerino, mergulha plenamente naquela realidade montanhesa, onde as estruturas fundiárias coletivas representam a rede organizacional de uma econo-mia silvopastoril, compreende o seu valor tanto éti-co quanto socioeconômico e sente a necessidade de declará-lo pública e solenemente. O texto é típico de um discurso inaugural e não traz referências que documentem as pesquisas subjacentes, mas percebe--se claramente que ele conhece os principais atores da disputa europeia sobre a propriedade originária, entre os quais se destacam Maine e Laveleye. A sua mensagem é, com efeito, um golpe contra a oficia-lidade burguesa: aquelas estruturas, das quais são dis-seminados os montes Sibilinos entre as Regiões das Marcas e Úmbria, são de fato relíquias, mas também restos de uma estrutura de propriedade primitiva bem mais substanciosa, erodida pela prepotência dos latifundiários privados protegidos e ajudados pelo poder político burguês.

Inverte-se a versão oficial e corrente: já não gravames da propriedade individual, mas parcelas

CAPÍTULO IX - O SURGIMENTO DE UM...

de propriedades coletivas antigas, e aqueles "comunistas" que viveram e trabalharam sobre elas eram apenas vítimas de uma perseguição multissecular; portanto, não sanguessugas nefastos da propriedade livre, mas defensores legítimos das relíquias de pertencimento ainda deixadas nas suas mãos e garantia da sua sobrevivência.

Ora, por um momento devemos buscar algum dado particular, não por amor às minudências, mas para observar a reverberação desses dados na história jurídica italiana daqueles fertilíssimos anos 1880. Ei-los. Giacomo Venezian está em Camerino, onde – casando-se – se torna parente de um patrício local, que é advogado e também seu colega na pequena universidade; que é, porém, também membro ativo da Câmara dos Deputados, Giovanni Zucconi, um nome que já mencionamos, mas sem qualquer motivação. Giovanni Zucconi, proprietário de terras e excelente conhecedor do campo/montanha local, certamente em estreita simbiose com Giacomo Venezian, defendeu muitas vezes, na condição de advogado, coletividades inermes da rapacidade das municipalidades; e o fez porque – como Giacomo Venezian – as compreendeu, compreendeu a sua importância na estrutura agrossilvopastoril do território.

Até aqui estamos diante de um fato local, que poderia ter sido tranquilamente negligenciado na construção do nosso discurso. Ocorre que, graças a uma daquelas combinações providentes de que a história é repleta, o acaso quis que o deputado Giovanni Zucconi fosse chamado a ser relator de um ato legislativo de caráter rigidamente liquidante almejado pelo ministro da Agricultura Grimaldi. E a pálida sala do Palácio Montecitório se avivou ao ouvir um relatório excepcionalmente culto, mas também excepcionalmente provocador. Giovanni Zucconi se apropriou dos resultados da grande disputa e citou abundantemente os nomes dos protagonistas – Nasse, Roscher, Heusler – sublinhando as contribuições fundamentais de Maine e Laveleye, com uma referência orgulhosa ao ícone esclarecedor de Cattaneo, apartado e solitário antes do grande debate europeu. Nomes que, seguramente, ecoavam pela primeira vez, seja na sala do Parlamento, seja – pessoalmente – nos ouvidos da absoluta maioria dos deputados.[87]

O relatório não conseguiu mudar o projeto do ministro, permanecendo minoritários Giovanni

---

[87] No livro GROSSI, P. *Un altro modo di possedere:* l'emersione di forme alternative di proprietà alla coscienza giuridica postunitaria (Milão: Giuffrè, 2017), no qual os debates parlamentares aqui mencionados são ampla e analiticamente acompanhados, o capítulo terceiro da segunda parte é intitulado "Un ospite scomodo in Parlamento. La scienza storico-giuridica a Montecitorio".

CAPÍTULO IX - O SURGIMENTO DE UM...

Zucconi e o pequeno grupo dos seus companheiros. A Lei n. 5.489, que foi promulgada em 24 de junho de 1888, manteve o aspecto e a substância de um elo de uma longa cadeia de atos liquidantes. Contudo, graças à insistência tenaz de Zucconi, foi a primeira vez que se conseguiu abrir uma modesta brecha. O que o ministro não pôde negar ao relator foi o artigo 9º, com a previsão da possibilidade de os próprios comunistas/usuários levantarem o gravame da propriedade. Pode parecer pouca coisa; ao contrário, é uma concessão de relevo porque, pela primeira vez, levava-se em consideração a sua posição, dando a eles uma atenção particular e permitindo a continuação de uma estrutura fundiária coletiva.

As discussões, longas e extenuantes, em torno do projeto de lei Grimaldi, obtiveram um modesto resultado, mas conseguiram perturbar um unanimismo até então impassível, colocaram problemas, ampliaram o olhar e realizaram uma recuperação da complexidade da paisagem sociojurídica. Abriram, em suma, um caminho que poderia servir para experimentos futuros.

E foi o que aconteceu no itinerário que levaria – dali a pouco – à Lei n. 397, de 4 de agosto de 1894, "que dispunha sobre o ordenamento dos domínios coletivos nas Províncias do antigo Estado Pontifício". Aqui já não foi Giovanni Zucconi quem liderou a batalha, mas um herdeiro espiritual seu, Tommaso Tittoni, um personagem que se lhe assemelha muito: um grande proprietário de terras não nos Apeninos de Camerino, mas no alto Lácio, que se comprazia em residir aí por muito tempo, que conhecia a fundo o território, que se tornara geólogo para aprofundar o seu conhecimento do local com um comportamento positivo próprio do naturalista, que tinha observado e compreendido − assim como Zucconi − o tecido de estruturas coletivas com as quais se contrastavam os montes da Tolfa, e que tinha o livro de Laveleye como o seu breviário, tanto que queria assistir às aulas do polígrafo belga em Liège.

A ele se deve sobretudo a nova lei, que é muito mais nova em relação ao conteúdo abolicionista que a lei de 1888. Aqui, com efeito, pela primeira vez, obtém-se o reconhecimento dos domínios coletivos do antigo Estado Pontifício, um reconhecimento da parte do Estado burguês, que, porém, tinha um custo não pequeno. Condição da sobrevivência era a sua completa subjetivação, ou seja, a sua transformação em pessoas jurídicas com a obrigação de instituírem um regulamento preciso.

ction
capítulo X
ainda sobre o
monismo proprietário
no século xx

Poder-se-ia dizer, portanto: *incipit vita nova*, mas não é bem assim. A nova lei, como a de 1888, não terá vida longa. Em meio a uma hostilidade geral, será o próprio legislador, com a Lei n. 76, de 8 de março de 1908, que suspenderá a sua aplicação; tratava-se, com efeito, de disposições que a oficialidade burguesa não podia digerir bem em razão das suas inovações, sem dúvida modestas, mas tais que podiam comprometer a solidez da "salutar" tenacidade liquidante. Como mais tarde afirmará Carlo Calisse, relator no Senado da futura lei geral fascista sobre os usos cívicos de 1927, fora necessário fazer calar as normas promulgadas sob as pressões de Giovanni

Zucconi e Tommaso Tittoni, já que "com as prevalências democráticas tinham sido despertados além da medida os desejos das populações nos campos".[88]

A surdez e o fechamento não cessam. Mas não será somente o legislador que os manifestará, mas também a ciência jurídica. No início do século, em 1903, Gustavo Bonelli, um dos mais bem preparados especialistas italianos em direito privado e cotado entre os mais dotados no que se refere às construções teóricas, não hesitou em escrever: "quando se fala de propriedade coletiva, usa-se esta palavra com um significado inexato, para indicar uma relação muito diversa e historicamente anterior à própria gênese da verdadeira propriedade... Se quisermos ser exatos, devemos reservar o nome de propriedade à ligação de absoluta e exclusiva dependência entre a coisa e o indivíduo".[89] Citamos Gustavo Bonelli porque o seu empenho tenciona justamente refutar os resultados da grande disputa europeia: se é certo que as estruturas fundiárias coletivas precederam a propriedade individual, é esta uma circunstância de nenhum significado, uma vez que não se tratava de "verdadeira

---

[88] O texto pode ser encontrado em *Le Leggi*, 1927, p. 1060.

[89] BONELLI, G. "I concetti di comunione e di personalità nella teorica delle società commerciali". *In: Rivista del diritto commerciale*, P. I, vol. 1, 1903, p. 297.

CAPÍTULO X - AINDA SOBRE O MONISMO...

propriedade", mas de uma abordagem grosseira e primitiva relativa aos bens aos quais não se associam um termo e um conceito tão majestosos e tão rigorosos. A história da propriedade, conquanto não seja a primeira, tem início somente com o aparecimento da propriedade individual caracterizada pela dimensão essencial da exclusividade.

Perpetua-se um axioma que tem profundas raízes romanísticas: a indissolubilidade entre poder individual e poder proprietário, a propriedade de um bem tal qual a sombra de cada indivíduo sobre aquele bem.

Isso nos leva a uma consideração que diz respeito ao desenvolvimento, no século XX, da reflexão dos civilistas italianos sobre o tema da propriedade. Uma reflexão de vanguarda, que é – em absoluto – um orgulho da nossa ciência jurídica; e diz respeito justamente à tentativa (bem-sucedida) de não olhar para a propriedade partindo-se unicamente do alto do sujeito proprietário e dos seus poderes, mas de inverter o ponto de vista, olhando-se para ela do baixo das coisas, com uma avaliação totalmente nova da *coisa*, subtraída à visão redutiva de objeto amorfo digno apenas de ser espezinhado ou explorado, e redimensionada a realidade viva portadora de uma estrutura multiforme digna de ser respeitada nas suas qualidades intrínsecas e específicas. Como ensina Enrico Finzi

99

em seu densíssimo escrito de 1935: "não mais os bens em função do sujeito, mas este em função daqueles",[90] uma vez que "é no laboratório da coisa que se preparam os novos progressos do direito patrimonial".[91] E fala-se de uma dimensão funcional da propriedade, de uma propriedade considerada mais como *função* do que como *poder*, ou *direito subjetivo*, descobrindo um cenário mais complexo e fecundo de resultados.[92] É a

---

[90] FINZI, E. "Diritto di proprietà e disciplina della produzione". *In:* GROSSI, P. (Coord.). *L'officina delle cose:* Scritti minori. Milão: Giuffrè, 2013, p. 47.

[91] FINZI, E. "Diritto di proprietà e disciplina della produzione". *In:* GROSSI, P. (Coord.). *L'officina delle cose:* Scritti minori. Milão: Giuffrè, 2013, p. 65.

[92] Para o leitor não jurista tentemos retirar das últimas palavras do texto o inevitável vício da obscuridade. Como ensina Santi Romano nos seus "Frammenti di un dizionario giuridico" de 1947 (Giuffrè, Milão, 1948. *In: Quodlibet, Macerata*, 2019, verbete *Poteri, potestà*), "função é um poder exercido em razão de um interesse não próprio ou não exclusivamente próprio ou em razão de um interesse de outrem ou em razão de um interesse objetivo". A "função" obriga, portanto, a propriedade a descer daquele paraíso rarefeito em que a colocara a liturgia jusnaturalista, perdendo muitos atributos de venerabilidade, mas recuperando um caráter terrestre robusto. A "função" insere irremediavelmente o esquema abstrato na fatualidade e na história e assinala o eclipse definitivo de uma noção marcada por um caráter absoluto e abstrato. O modelo não poderá mais ser a propriedade genérica de coisas, mas a mais robusta propriedade de uma coisa produtiva com

CAPÍTULO X - AINDA SOBRE O MONISMO...

pungente reflexão que tem as suas etapas fundamentais em duas análises de Enrico Finzi, uma de 1923 e a outra de 1935 (esta última grandemente propositiva e construtiva),[93] e nos relatórios de Filippo Vassalli (1939),[94] em que se fala expressamente dos "diferentes estatutos da propriedade em correspondência com os diferentes bens", e de Salvatore Pugliatti (1952), em que o próprio título aponta para um plural significativo: "as propriedades".[95]

É uma reflexão que pode identificar-se com uma tomada de consciência totalmente nova, aberta a um leque substancialmente novo de dimensões da propriedade, mas nas quais – e é o que interessa em nosso discurso – o problema de uma dimensão coletiva é evitado ou tem uma presença muito marginal. Um exemplo nos dá justamente o primeiro

---

um contato estreito, e também com um inevitável condicionamento, com os fatos estruturais e econômicos.

[93] FINZI, E. *"Le moderne trasformazioni del diritto di proprietà"* e "Diritto di proprietà e disciplina della produzione". *In:* GROSSI, P. *L'officina delle cose:* scritti minori. Milão: Giuffrè, 2013.

[94] VASSALLI, F. "Per una definizione legislativa del diritto di proprietà". *In: Studi giuridici*. Milão: Giuffrè, 1960, p. 103.

[95] PUGLIATTI, S. "La proprietà e le proprietà, con riguardo particolare alla proprietà terriera". *In:* _____. *La proprietà nel nuovo diritto*. Milão: Giuffrè, 1954.

dos civilistas inovadores, o mais corajoso, o mais aberto nas suas propostas heréticas, ou seja, Enrico Finzi, que, por um lado, propõe a dimensão *social* da propriedade, mas, por outro, resiste em admitir a sua dimensão *coletiva*.[96]

O próprio Salvatore Pugliatti, que, no já mencionado texto de 1952, "A propriedade e as propriedades", dedica muita atenção ao problema de uma propriedade "coletiva", após tê-lo oblite-rado em um amplo exame daquelas que ele chama de "as coletividades associativas" e no qual discorre um pouco confusamente sobre os condomínios, as sociedades, as associações, os consórcios, com uma

---

[96] É o caso de dar a ele a palavra: após ter assumido o seu programa científico que consistia em "afirmar e tutelar o interesse social para o melhor gozo dos bens", acrescenta: "Ideia social não quer dizer ideia coletiva. A propriedade é e permanece tipicamente individual. Antes, o processo de individualização pode dizer-se mais acentuado do que atenu-ado, com a dissolução, a repartição dos últimos avanços de propriedade coletiva vigente na Itália. É verdade... que uma certa tendência está se afirmando entre nós no sentido de uma forma de propriedade coletiva, fundiária, familiar, mas ela é bem delimitada e justificada por razões políticas e eco-nômicas, e coloca-se claramente como uma exceção à regra geral da individualidade do domínio" (FINZI, E. "Diritto di proprietà e disciplina della produzione". *In:* GROSSI, P. (Coord.). *L'officina delle cose:* scritti minori. Milão: Giuffrè, 2013, p. 47).

CAPÍTULO X - AINDA SOBRE O MONISMO...

tônica genuinamente civilista, fala sob o ponto de vista restrito dos *usos cívicos* como na lei de 1927, focalizando o problema não a partir de um modelo alternativo para a propriedade individual, como havia indicado o velho Cattaneo cuja mensagem foi prontamente recebida por Giangastone Bolla, mas perguntando-se sobretudo se seria necessário ou não para a coletividade a personalidade jurídica (de acordo com o que foi sustentado por muitos civilistas). A sua conclusão, embora rejeitando a hipótese de Enrico Finzi sobre a absoluta excepcionalidade da propriedade coletiva, é decepcionante, porque, conquanto chegue à conclusão de "uma titularidade coletiva dos bens patrimoniais", assinala como via mestra aquela "que a nova Constituição abriu à propriedade coletiva" com o artigo 43. Sim, decepcionante porque este artigo fala vagamente da desapropriação de "empresas ou categorias de empresas" em favor de "comunidades de trabalhadores ou de usuários" com o escopo de permitir maiores realizações democráticas no âmbito econômico, mas reservando a solução para situações que "tenham caráter de proeminente interesse geral".[97] O que é muito diverso do problema de uma propriedade "coletiva".

---

[97] PUGLIATTI, S. *La proprietà nel nuovo diritto*. Milão: Giuffrè, 1954, pp. 192 e ss.

PAOLO GROSSI

Michele Giorgianni (1915-2003), um perspicaz e culturalmente vigilante civilista italiano, não estava errado quando, em 1978, olhando retrospectivamente para todo o curso do século XX, lamentava uma pesada carência: "a doutrina civilista é de tal modo prisioneira do dogma da propriedade individual, que não consegue construir uma figura de propriedade coletiva adequada para compreender as formas seguramente já presentes, ou que poderiam apresentar-se, e que seguramente poderiam representar um progresso quanto à forma das propriedades individuais".[98]

O século XX, que é pós-moderno e inova profundamente na própria conceituação do direito e da relação crucial direito/Estado, começa com um avanço lento no que diz respeito à intuição de "um outro modo de possuir". Não têm repercussão nem as *Reliquie della proprietà collettiva in Italia*, de Giacomo Venezian, nem as motivantes batalhas parlamentares de Giovanni Zucconi e Tommaso Tittoni. Esse modesto avanço é interrompido pela lei fascista de

---

[98] Trata-se de uma intervenção na mesa-redonda organizada para discutir o meu livro *Un altro modo di possedere: l'emersione di forme alternative di proprietà alla coscienza giuridica postunitaria*. Milão: Giuffrè, 2017 (sobre a qual cf. adiante). A intervenção, registrada nos *Anais*, está publicada em ASSOCIAZIONE ESSPER, *Nuovo Diritto Agrario*, Roma, 1978, p. 466.

CAPÍTULO X - AINDA SOBRE O MONISMO...

1927, que serve apenas para paralisar e imobilizar, e com a qual a exuberante riqueza das diversas estruturas fundiárias coletivas é reduzida a uma roupagem unitária e uniforme (e é, portanto, sufocada); ademais, enfraquece-se e desnatura-se aquela riqueza assumindo-se como modelo geral o *uso cívico*, o modelo clamorosamente mais incapaz de compreendê-la inteiramente, porque incapaz – como *ius in re aliena* – de exprimir formas de um pertencimento mais robusto; além do mais, imitando servilmente a legislação muratiana feita para o Reino meridional, todos os direitos cívicos haviam sido "transferidos para uma esfera de direito público",[99] alterando pela força da lei a natureza jurídica da maior parte das estruturas da Itália central/setentrional de índole genuinamente privatista.

E, contudo, se houve um despertar, foi justamente graças à lei fascista, sentida como uma violência legal por muitas células vivazes sobretudo no arco alpino oriental. Assim se explica a reconquista em âmbito puramente judicial, que teve como protagonista na função de advogado, como bem sabemos, já nos anos da Segunda Guerra Mundial, Giangastone Bolla.

---

[99] Como afirma no seu relatório para a Câmara um grande notável do Regime, o economista agrário Giacomo Acerbo, aquele que de 1928 a 1935 seria ministro da Agricultura e das Florestas (o texto está em *Le Leggi*, 1927, pp. 1068-1069).

capítulo XI
ano 1977: a gênese
de um livro

Colhamos as sementes que semeamos. A modernidade burguesa: um monismo proprietário invasivo e a hostilidade contra o "coletivo"; as salvações culturais do meu noviciado jurídico; em particular, a salvação "agrarista", a familiaridade com Giangastone Bolla e a abordagem dirigida à realidade das estruturas fundiárias coletivas; o encontro ideal com o pluralismo cultural de Carlo Cattaneo e com a disputa do fim do século XIX sobre a propriedade coletiva como dimensão do homem originário.

Estão presentes todas as premissas para compreender pontualmente a gênese das pesquisas que me levaram a ir, eu mesmo, em busca da descoberta de "um outro modo de possuir" e me induziram a redigir um livro que, além das minuciosas investigações histórico-jurídicas, almejava servir de estímulo a reflexões ulteriores, a problemas que envolvem – com o passado – também o presente e o futuro. Eu me fiz portador, finalmente, daquela consciência crítica do jurista de direito positivo, que eu sempre sustentei que fosse uma função primária do historiador do direito.[100] [101]

E vamos às etapas do meu itinerário concreto de pesquisa, que pode ter como marco divisor o livro (publicado de forma provisória já em 1962) sobre a *locatio ad longum tempus*,[102] um contrato tipicamente

---

[100] Sim, porque, se deixado só, o estudioso do direito positivo, pelo menos em nosso contexto, é levado a limitar-se ao exame do presente/vigente, com uma tendência natural de absolutizá-lo e idealizá-lo como o melhor direito possível. Cabe ao historiador do direito, assim como ao comparatista, chamá-lo a uma verdade elementar: que o presente/vigente *hic et nunc* não é um ponto isolado, mas se insere em uma linha que nasce antes e prossegue depois, ou, no plano de uma comparação horizontal, na situação complexa de diversos ordenamentos que convivem em um mesmo tempo.

[101] Cf. GROSSI, P. "O ponto e a linha. História do direito e direito positivo na formação jurista do nosso tempo". *In:* _____. *O direito entre poder e ordenamento.* Belo Horizonte: Del Rey, 2010, pp. 1-16. (Trad. Arno Dal Ri Jr.).

[102] GROSSI, P. *Locatio ad longum tempus:* locazione e rapporti reali di godimento nella problematica del diritto comune. Nápoles: Morano, 1963 (reimpresso pela Scuola di

CAPÍTULO XI - ANO 1977: A GÊNESE DE UM...

medieval, no qual as dimensões pessoal e real acabavam por conjugar-se, com o resultado, aberrante do ponto de vista da tradição do direito romano, de uma locação que, em razão da sua extensão em uma longa duração, chegava a gerar no condutor uma situação real, propriamente um *dominium utile*.

A familiaridade com o direito agrário e com os agraristas desempenhou papel relevante nessa escolha, que teve como resultados a minha palestra em Spoleto em 1965 sobre os contratos agrários da alta Idade Média, proferida a convite expresso de Francesco Calasso,[103] a minha aula inaugural em Florença sobre a sistemática medieval das situações reais[104] e o curso – inicialmente em Macerata (1966) e depois em Florença (1968) – "As situações reais

---

Specializzazione in Diritto Civile da Universidade de Camerino. Nápoles: ESI, 2014).

[103] "Problematica strutturale dei contratti agrari nell'esperienza giuridica dell'alto medioevo italiano". *In: Atti della XIII settimana di studio del Centro Italiano di Studi sull'Alto Medioevo*. Spoleto: Panetto e Petrelli, 1966.

[104] GROSSI, P. "Naturalismo e formalismo nella sistematica medievale delle situazioni reali" (trata-se da aula inaugural do curso de Direito Comum, proferida na Universidade de Florença em 4 de abril de 1967). *In:* _____. *Il dominio e le cose:* percezioni medievali e moderne dei diritti reali. Milão: Giuffrè, 1992, pp. 21 e ss.

na experiência jurídica medieval",[105] no qual tratei do tema do *dominium* e dos *iura in re aliena* buscando compreender – por baixo das instrumentações técnico-jurídicas – as grandes e decisivas escolhas dos medievais, escolhas de caráter sobretudo antropológico.

Com o fim de esclarecer melhor ao leitor não jurista esse caráter que eu qualifiquei como "antropológico", é importante precisar que tenciono referir-me ao que chamei, após as minhas investigações, de "factualidade" do direito medieval, uma factualidade que eu já encontrava nas minhas primeiras pesquisas jurídicas entre homem e coisa, sobretudo entre homem e a coisa-mãe, a terra. "Factualidade" significa simplesmente que há uma osmose contínua entre o mundo dos expedientes humanos e o mundo virulento dos fatos pertencentes à realidade fenomênica, e que esses fatos são capazes, se estiverem carregados de efetividade, de incidir, plasmar e modificar o direito dos homens. No campo dos direitos sobre coisas (*iura in re*), eu via particularmente no "tempo" uma força determinante: a "duração", ou seja, o permanecer bruto no tempo de uma situação que tinha – por si mesma, diretamente – o poder de modificar as construções

---

[105] Pádua: Cedam, 1968.

CAPÍTULO XI - ANO 1977: A GÊNESE DE UM...

jurídicas, muito além da vontade de legisladores e juristas. O direito medieval tem com frequência a sua matriz nas forças primordiais da natureza cósmica, e costumes, legisladores, juristas se limitam a registrá-las com atenção e respeito.

No fim de 1966, tendo deixado a caríssima Universidade de Macerata, passando à Universidade de Florença como professor efetivo da Faculdade de Direito, por vontade de Giangastone Bolla assumi a função ora vacante de secretário-geral do Idaic, que posteriormente mantive ininterruptamente por dezenove anos. E, em perfeita continuidade com as linhas de pesquisa precedentes, comecei a investigar o nascimento de uma propriedade *moderna*, que, como mencionei, se me apresentava totalmente diferente dos diagnósticos e soluções medievais. Apresentava-se a mim diferente justamente pelos fundamentos antropológicos que eram, mais do que diferentes, de caráter oposto.

Para a comodidade do leitor, indicamos aqui dois níveis complementares de reflexão: em 1972, o ensaio sobre a gênese de uma noção profundamente nova de propriedades nas disputas do século XIII sobre a pobreza franciscana, que consta do primeiro volume dos *Quaderni fiorentini per la storia del pensiero giuridico moderno*, a revista científica promovida por mim como manifesto de um caminho novo nos estudos histórico-jurídicos.[106] Do mesmo ano, no âmbito do congresso internacional organizado por mim sobre *A Segunda Escolástica na formação do direito privado moderno*, é também a palestra sobre a novíssima ideia de *dominium* identificada por mim nitidamente nos grandes teólogos-juristas europeus (embora sejam sobretudo espanhóis) da segunda metade do século XVI.[107]

O tema do *dominium*, pertencimento de um bem, tema que se tornou complexo pelo encontro/choque entre o mundo dos sujeitos e o mundo das coisas, reavivou-se na minha mente por força das soluções opostas dos "medievais" e dos "modernos". Foi então que decidi dedicar um volume monográfico inteiro dos *Quaderni fiorentini* aos itinerários modernos da propriedade, e foi este o título de um *Quaderno*, que, pela quantidade das contribuições, teve de ser duplo, relativo aos anos 1976/1977.

---

[106] GROSSI, P. "'Usus facti': la nozione di proprietà nella inaugurazione dell'età nuova". *In:* _____. *Il dominio e le cose:* percezioni medievali e moderne dei diritti reali. Milão: Giuffrè, 1992. É possível consultá-lo também em CAPITANI, O. (Coord.). *Una economia politica nel medioevo.* Bolonha: Patron, 1987.

[107] GROSSI, P. "La proprietà nel sistema privatistico della Seconda Scolastica". *In:* _____. *Il dominio e le cose:* percezioni medievali e moderne dei diritti reali. Milão: Giuffrè, 1992.

CAPÍTULO XI - ANO 1977: A GÊNESE DE UM...

Lembro-me com sincera satisfação do grande trabalho de organização, certamente não pela quantidade de páginas que dele se produziu, mas pela qualidade das contribuições. Entre os colaboradores italianos praz-me mencionar a presença de três amigos civilistas, entre os maiores do século XX, Pietro Rescigno, Stefano Rodotà e Francesco Galgano, que enriqueceram a pesquisa coletiva com páginas altas e fecundamente problematizadoras. Franz Wieacker merece uma menção particular, o qual, após uma explícita solicitação da minha parte, consentiu em revisitar um ensaio seu radicalmente inovador dos anos 30, o *Wandlungen der Eigentumsverfassung*.[108]

A tarefa que eu assumi no âmbito do *Quaderno* dizia respeito à sistematização pós-unitária da propriedade, e perscrutei com zelo os recantos mais recônditos da ciência jurídica italiana na segunda metade do século XIX.[109] Era um panorama unitário que se mostrava diante de mim com traços não exíguos de velhas soluções pré-modernas, como a concepção

---

[108] Ensaio publicado em 1935 na coletânea *Der Deutsche Staat der Gegenwart*, do qual Carl Schmitt era *Herausgeber*, para a Hanseatische Verlagsanstalt de Hamburgo.

[109] O resultado foi o amplíssimo ensaio: GROSSI, P. "Tradizioni e modelli nella sistemazione post-unitaria della proprietà". *In*: _____. *Il dominio e le cose*: percezioni medievali e moderne dei diritti reali. Milão: Giuffrè, 1992.

do domínio como realidade composta e, portanto, fragmentável. São aspectos que não pertencem ao fio da nossa narrativa; interessa-nos, por outro lado, que, em meio a um material completamente dominado pela ideia da *individualidade* da propriedade, de vez em quando algum civilista mais curioso ou mais sensível que os outros aparecia dentre as fissuras na muralha compacta e deixava entrever que, sob o nível oficial, havia algo *outro* e *diferente*. A unitariedade era imposta, e provavelmente também bem-aceita por quem se reconhecia nos "valores" da ideologia burguesa, mas a realidade sociojurídica era mais complexa. Talvez fosse o caso de esgarçar aquelas poucas fissuras e observá-las melhor e mais profundamente.

Eu gostaria de acrescentar um detalhe. Eram os anos 1973/1974. Em 1971, bastante velho, falecera Giangastone Bolla, com o qual eu mantinha uma relação constante e fortalecida pelo fato de eu ser o secretário-geral da instituição cultural para os estudos agraristas que ele havia projetado e criado em Florença. Descer ao nível de "um outro modo de possuir" me pareceu, então, a homenagem que caberia melhor ao pranteado Mestre. Arregacei as mangas – como se costuma dizer – e comecei a enfrentar pesquisas que eu mesmo previa que seriam árduas, complexas e também cansativas. Delas foi gerado o livro, publicado em 1977 dentro da coleção

CAPÍTULO XI - ANO 1977: A GÊNESE DE UM...

"Biblioteca para a história do pensamento jurídico moderno" (que eu então dirigia), e que quis dedicar justamente a Giangastone Bolla.[110]

O propósito, que permeia e sustenta todo o projeto, é expresso claramente no subtítulo, "L'emersione di forme alternative di proprietà alla coscienza giuridica post-unitaria", que dá vigor e precisão à intuição fixada no título de Cattaneo, *Un altro modo di possedere*. Indica a intenção de desenhar uma visão ampla e compreensiva de um debate que ocorreu em vários níveis: é europeu, mas com percursos específicos italianos; é doutrinário, mas incide também em nível legislativo; envolve teóricos e práticos, filósofos e juristas, economistas e agrônomos. Infelizmente, é um debate que se abre e se fecha; que, nos primeiros anos do século XX, o monismo da propriedade da civilização burguesa é exitoso em relegar a um passado que deve ser esquecido e que nem mesmo a revolução cultural representada pela nossa Constituição republicana consegue plenamente reativar.

Contudo, é uma semente que dará frutos a longo prazo; ela os dá no surdo Parlamento italiano

---

[110] Juntamente com Giangastone Bolla e Salvatore Romano, duas personalidades muito diferentes (o que fiz questão de indicar também no prefácio), em relação aos quais eu nutria (e ainda nutro) sentimentos de sincera gratidão.

de fins do século XIX, dá-os no advogado Giangastone Bolla das regras do Cadore e de Ampezzo, dá-os naquele tempo novo, que é para as estruturas fundiárias coletivas italianas o final do século XX, e ao qual dedicaremos as últimas páginas do presente opúsculo.

O livro de 1977 pretendeu ser analítico no sentido de apresentar uma documentação adequada dos numerosos e intrincados desdobramentos do debate. Da intuição de Cattaneo às desmistificações providenciais de Maine e à frutífera obra propagandística de Laveleye, com uma posterior atenção tanto aos adeptos quanto aos adversários. Emerge o que foi mencionado anteriormente, mas que vale a pena reforçar aqui. Adeptos e adversários, camuflando amiúde a finalidade essencial sob relevos de índole filológica ou erudita, lutam tendo como objeto (a favor ou contra) o monolito individualista, pilar da civilização burguesa; lutam (a favor ou contra) por uma *alteridade*, por um outro modo de pertencimento, considerado por alguns como uma providente salvação e por outros como um grande risco.

O livro, naquele ano de 1977 – quando continuava a lei de 1927, quando continuava a hostilidade de toda a oficialidade política (inclusive das Regiões, avidíssimas em relação aos notáveis patrimônios fundiários coletivos) e quando continuavam

CAPÍTULO XI - ANO 1977: A GÊNESE DE UM...

as incompreensões de muitos Comissários[111] –, teve pelo menos um resultado objetivo: serviu para exumar o problema das estruturas fundiárias coletivas do recanto mais empoeirado do sótão dos juristas e para repropô-lo como exigência de uma recuperação pluralista em uma Itália republicana cada vez mais permeada do pluralismo da Constituição.

O livro teve um sucesso imediato e inesperado. Teve várias reimpressões e duas traduções imediatas (uma das quais, aliás, excelente – para o inglês).[112] Foi lido e apreciado – sobretudo pela mensagem antropológica que as minhas pesquisas evidenciavam sob a cobertura técnica – pelo mais combativo conhecedor do nosso tema, Guido Cervati;[113]

---

[111] A referência é aos Comissários regionais previstos no artigo 27 da Lei n. 1.766 de 1927, aos quais era confiada a atuação "com funções administrativas e judiciárias" em relação ao que era disposto na mesma lei.

[112] GROSSI, P. *An alternative to private property:* collective property in the juridical consciousness of the nineteenth century. Chicago e Londres: The University of Chicago Press, 1981. (Trad. Lydia G. Cochrane).

[113] Para quem quiser saber mais a respeito dessa personagem singular, anteriormente mencionada, permito-me indicar uma reconstrução que fiz do seu pensamento e da sua operosidade forense: GROSSI, P. "Gli assetti fondiarii collettivi nella riflessione di Guido Cervati". *In:* _____. *Nobiltà del diritto*. Milão: Giuffrè, 2008. (Storia del pensiero giurid modernoquad).

PAOLO GROSSI

isto é, foi-me demonstrado não com palavras vãs, mas com juízos ponderados, quando a *Rivista di diritto agrario* organizou em 1978, por estímulo dele e com a sua coordenação, uma "mesa-redonda" na Universidade La Sapienza de Roma com o único objetivo de discutir o livro.[114] Percebi lucidamente, então, que aquele meu livro podia alcançar um escopo culturalmente vital: atiçar o fogo que se aninhava sob as cinzas, latente mas não extinto.

[114] ASSOCIAZIONE ESSPER. *Nuovo Diritto Agrario*, Roma, vol. 5, 1978.

capítulo XII

anos 80: o advento de uma consciência nova

O ano de 1977, data da sua publicação, afigura-se-me hoje como uma terra de fronteira. Estava terminando o terreno estéril, e no silêncio erguia-se uma voz.

A década havia começado com uma iniciativa de algum significado, o congresso nacional ocorrido em Macerata em 3 de outubro de 1970 sobre as *Comunidades agrárias e terras comuns*, no qual, contudo, o horizonte era muito mais limitado pelo escopo preciso daquele encontro, que era enfrentar o problema da degradação claramente observável nas terras da maior parte das estruturas coletivas da Região das Marcas.

Alguns anos depois se pôde, contudo, saudar com satisfação uma grande iniciativa cultural, realizada por personagens indubitavelmente perspicazes, mas que se moviam em uma dimensão muito mais sociotecnológica do que jurídica, conscientes – o que não era um fato negativo – de que se deveria tentar uma comunicação com um público mais amplo, que se deveria também divulgar. Massimo Guidetti e Paul H. Stahl se impuseram com um trabalho verdadeiramente poderoso que tinha como objeto as *Comunidades das vilas e comunidades familiares na Europa do século XIX*, meritório porque apresentava traduzidas em italiano as contribuições mais significativas da grande disputa do século XIX sobre a dialética "propriedade individual-propriedade coletiva", trabalho realizado em três momentos de 1977 a 1979 e consolidado em três amplos volumes.[115]

Desejo também acrescentar a iniciativa tomada em 1975 pelo Instituto Agrarista Florentino de confiar a dois estudantes devotos de Giangastone

---

[115] GUIDETTI, M.; STAHL, P. H. *Il sangue e la terra:* comunità di villaggio e comunità familiari nell'Europa dell'800. Milão: Jaca Book, 1977. _____. *Un'Italia sconosciuta:* comunità di villaggio e comunità familiari nell'Italia dell'800. Milão: Jaca Book, 1977. _____. *Le radici dell'Europa:* il dibattito ottocentesco su comunità di villaggio e familiari. Milão: Jaca Book, 1979.

CAPÍTULO XII - ANOS 80: O ADVENTO DE UMA...

Bolla, Emilio Romagnoli e Cesare Trebeschi, uma coleção de fontes sobre as comunhões familiares montanhesas, que foi publicada pelo instituto.[116]

Um verdadeiro despertar ocorrerá, porém, somente no curso dos anos 1980. E eu começaria por quem apresentara – em tantas boas ocasiões perdidas – obstáculos, surdez, incompreensões: o legislador nacional italiano. Provavelmente também pelas qualidades intelectuais daquele que exerceu a função de autêntico demiurgo, o grande historiador Giuseppe Galasso (1929-2018), o Decreto-lei n. 312 de 27 de junho de 1985 foi uma norma de rara previdência cultural e social; assumiu a forma de um Decreto-lei[117] porque era urgente a tutela de determinados

---

[116] *Comunioni familiari montane:* testi legislativi, sentenze, studi e bibliografia. Bréscia: Paideia, 1975 Um segundo volume foi publicado em 1992, também editado por Romagnoli e Trebeschi.

[117] No sistema jurídico italiano, os decretos-lei estão disciplinados no artigo 77 da Constituição de 1948, e se assemelham às leis delegadas (§ 1) e medidas provisórias (§§ 2-3) de nossa Constituição Federal de 1988 (art. 62 e 68), porém com prazos mais exíguos: "Art. 77. § 1 O Governo não pode, sem delegação das Câmaras, emanar decretos que tenham valor de lei ordinária. § 2 Quando, em casos extraordinários de necessidade e de urgência, o Governo adota, sob a sua responsabilidade, provimentos provisórios com força de lei, deve no mesmo dia apresentá-los para a conversão às Câmaras que, mesmo dissolvidas, são convocadas para a ocasião e se

territórios considerados vitais no âmbito da República. Não foi um gesto de tolerância em relação às distantes estruturas organizativas de alguns territórios; foi, ao contrário, a evidenciação de que naqueles territórios se verificava – e sempre se verificara – uma forte contribuição para a salvação do ambiente, doravante percebido como uma completa harmonia entre a ação humana e a natureza das coisas. Eram, com efeito, "Disposições urgentes para a tutela das zonas de particular interesse ambiental", e, entre elas, o legislador indicava pontualmente as "áreas dedicadas às universidades agrárias e as zonas gravadas por usos cívicos" (artigo 1º, alínea h), colocando-as sob o vínculo paisagístico. Aqui, verdadeiramente, atrás de uma mensagem legislativa tão firme e tão inequívoca, começava uma vida nova. O legislador traçava um caminho para o futuro, e será justamente no interior deste último que – dez anos depois – no Decreto legislativo n. 42 de 22 de janeiro de 2004 (o chamado Código dos Bens Culturais e da Paisagem), no artigo 142 (Áreas tuteladas por lei), inciso I, alínea h, se repete a mesma indicação adotada em 1985.

---

reunirão em até cinco dias. § 3 Os decretos perdem eficácia desde o início se não são convertidos em lei em até sessenta dias de sua publicação. As Câmaras podem, todavia, regular com leis as relações jurídicas provenientes dos decretos não convertidos". Cf. Italia, Senato della Repubblica, *Costituzione della Repubblica Italiana*, Libreria del Senato, Roma, 2012.

CAPÍTULO XII - ANOS 80: O ADVENTO DE UMA...

Como reconhece em 1985 o sempre atentíssimo Guido Cervati, "hoje é o início da retomada dos estudos sobre a matéria".[118] Sobretudo, verifica-se um florescimento de congressos de estudo dando testemunho de que o problema das coletividades proprietárias já não está sepultado sob o pó no mais escuro sótão do passado. O início é representado pelo Congresso de Fiuggi em 1985,[119] seguido pelo Simpósio Internacional de Pieve di Cadore do ano seguinte,[120] uma "mesa-redonda" na LUISS de Roma[121] em 1990, o Congresso Nacional de Viareggio[122] e o Seminário de Cortina d'Ampezzo[123] em

---

[118] CERVATI, G. "Ancora dei diritti delle popolazioni, usi e terre civiche e competenze regionali". *In: Terre collettive e usi civici tra Stato e Regione:* Atti del Convegno di Fiuggi, 25-26-27 de outubro de 1985, Regione Lazio, s. l. e s. d., p. 63.

[119] "Terre collettive e usi civici tra Stato e Regione". *In: Terre collettive e usi civici tra Stato e Regione:* Atti del Convegno di Fiuggi, 25-26-27 de outubro de 1985, Regione Lazio.

[120] "Comunità di villaggio e proprietà collettiva in Italia e in Europa", Pieve di Cadore, 15-16 de setembro de 1986.

[121] "Proprietà comunitarie e usi civici: vicende e prospettive tra continuità e trasformazione", Roma, 16 de março de 1990.

[122] "Demani civici: principii, disciplina, prospettive", Viareggio, 5-7 de abril de 1991.

[123] "Per una proprietà collettiva moderna", Cortina d'Ampezzo, 21 de junho de 1991.

1991. Embora com alguma incerteza, com alguma voz dissonante, contudo se discute, se aprofunda em um clima cultural marcado não mais pela indiferença ou intolerância, mas pelo respeito e compreensão por uma conformação relevante da nossa história agrossilvopastoril.[124]

---

[124] Deve-se também assinalar as bem-sucedidas tentativas de criar estruturas específicas de apoio, de modo a dar estabilidade ao despertar de ideias e de propostas culturais, uma vez que o florentino e bolliano Idaic era movido por um projeto que envolvia toda a matéria agrarista. A primeira estrutura é a que foi fundada em Trento em 1993, por um estudioso dotado de grandes capacidades organizacionais, Pietro Nervi. E é anualmente que, todo outono, no Centro trentino se reúnem homens de ciência, juristas, advogados e simples "comunistas" que trabalham nas mais diversas estruturas fundiárias coletivas de todas as partes da Itália. Fruto dessa capacidade organizacional é a exumação em 2003 do velho Archivo Vittorio Scialoja de Giangastone Bolla, sepultado em 1943 com as ruínas da guerra; talvez, mais que exumação, deve-se falar de início de uma vida nova: intitulado com o nome de Giangastone Bolla ao lado do de Scialoja, já demonstrou nos seus primeiros quinze anos que é um excelente instrumento de coagulação de forças intelectuais e de eficiente comunicação. Uma segunda estrutura de apoio foi criada, dez anos depois, no interior de uma Região – Abruzzo – cheia de formações coletivas como o Trentino, graças a um inteligente e culto civilista da Universidade L'Aquila, Fabrizio Marinelli, com reuniões anuais igualmente bastante frequentadas e com resultados científicos de notável relevo. Por fim, acrescentou-se em Nuoro, no coração de uma Região igualmente fértil de estruturas coletivas, graças à sensibilidade

CAPÍTULO XII - ANOS 80: O ADVENTO DE UMA...

A índole desse nosso quadro sintético nos dispensa de um exame detalhado dos *Anais* individuais. Deve-se, porém, dar atenção, ainda que brevemente, ao primeiro desses felizes apontamentos, o Congresso de Fiuggi, uma vez que é justamente nele que se levantam vozes com um seguro caráter inovador. Uma delas é a de Pietro Rescigno, o civilista que se encarregara já a partir dos anos 50 de ampliar o olhar do privatista para as zonas – se não proibidas, indubitavelmente separadas do "social" e do "coletivo". O seu exame não é de consciência, porquanto o seu autor não teria nada que censurar; antes, endereça uma reprimenda aos seus colegas reunidos em um destinatário genérico: o jusprivatista; o qual, segundo Rescigno, "esquece que direito 'privado' não significa necessariamente direito individual, conquanto uma tal visão tenha marcado a história do direito privado moderno, a legislação confiada aos códigos do século passado e o empenho dos intérpretes"; portanto, "a desatenção do privatista nasce do fato de ter negligenciado um fato historicamente inegável e hoje florescente, e deve ser compreendido no 'privado' não somente o momento individual mas também

---

cultural e ao empenho de Francesco Nuvoli, professor da Universidade de Sassari, um Centro de Estudos da Sardenha sobre as terras cívicas, que já tem em seu ativo a realização de ótimos congressos.

o momento coletivo".[125] O convite desaprovador deve ser considerado salutar para a higiene mental do privatista, destinado como está a colocar uma pedra sobre a velha repugnância (ou pelo menos indiferença) em relação à dimensão coletiva. E é um marco seguro no itinerário em direção a uma consciência culturalmente mais sólida daquele destinatário.

A segunda voz que merece atenção é a de Emilio Romagnoli, discípulo em Roma do civilista e agrarista Fulvio Maroi (1891-1954), de quem aprendera a necessidade de um respiro culturalmente mais aberto,[126] mas espiritualmente aluno de Giangastone Bolla, de quem não será somente o sucessor – por muitos anos – na presidência do Idaic, mas também o continuador na plena compreensão das estruturas coletivas do arco alpino oriental e na defesa forense em inúmeros casos judiciais. A sua Comunicação no Congresso de Fiuggi é corajosa, uma vez que, partindo de uma firme crítica à demasiada estreita finalidade

---

[125] RESCIGNO, P. "Diritti collettivi e usi civici". *In: Terre collettive e usi civici tra Stato e Regione: Atti* del Convegno di Fiuggi, 25-26-27 de outubro de 1985, Regione Lazio, p. 83.

[126] Fulvio Maroi sempre valorizou a dimensão histórica do direito, unindo uma predileção singular pelo estudo da dimensão consuetudinária, além das raízes étnicas e históricas peculiares de um povo possuidor de um rico patrimônio de costumes.

CAPÍTULO XII - ANOS 80: O ADVENTO DE UMA...

do Congresso de Macerata de 1970 (do qual o próprio Romagnoli tinha participado), a observação se estende para além da simples capacidade produtiva da terra para compreender uma dimensão nova e vital, a saber, a ecológica: são terras (as de que nos ocupamos) que têm correspondido egregiamente à exigência – cada vez mais sentida em uma civilização altamente tecnicizada – de uma eficaz tutela do ambiente.[127] E aqui se abre um cenário mais complexo, que dá razão aos defensores das estruturas fundiárias alpinas, os quais conseguiram manter o aspecto e a substância de verdadeiros domínios coletivos (aspecto e substância que se tornaram cada vez mais reduzidos naquelas realidades historicamente residuais representadas pelos verdadeiros usos cívicos). É imperioso acrescentar que, no ano seguinte, no Simpósio Internacional de Pieve di Cadore, Guido Cervati, na sua Comunicação de base, insistirá justamente neste ponto: a ação positiva das estruturas coletivas no plano da tutela ambiental.[128]

---

[127] ROMAGNOLI, E. "Moderne forme di utilizzazione degli usi civici". *In: Terre collettive e usi civic tra Stato e Regione: Atti* del Convegno di Fiuggi, 25-26-27 de outubro de 1985, Regione Lazio, pp. 93 e ss.

[128] Escrevi sobre isso há algum tempo. Cf. "Gli assetti collettivi nella riflessione di Guido Cervati" (2004). *In:* GROSSI, P. *Nobiltà del diritto*. Milão: Giuffrè, 2008, p. 596 (Storia del pensiero giurid modernoquad).

Portanto, um duplo despertar. De um legislador nacional finalmente vigilante e atento aos sinais dos tempos,[129] além de uma reflexão científica que pode dedicar-se serenamente a uma obra *inventiva*, uma vez que já não precisa lidar com produtos normativos inadequados. Mas não há bonança para a vida das estruturas fundiárias coletivas. Muitas Regiões, com grande autonomia legislativa, se caracterizavam por uma intromissão, que é profundamente prejudicial, nas estruturas socioeconômicas agora legitimadas pela Lei Galasso como as mais altas tuteladoras da complexa realidade ambiental. É neste panorama,

---

[129] São testemunhos disso as diversas "leis sobre a montanha", que se seguiram após os primeiros anos da década de 1950 e que dão mostras da contribuição que Giangastone Bolla soube dar àquela originária de 1952. Vejam-se as duas etapas fundamentais da Lei n. 1.102, de 3 de dezembro de 1971 (Novas normas sobre o desenvolvimento da montanha), Título III – Comunhões familiares, artigo 10, e da Lei n. 97, de 31 de janeiro de 1994 (Novas disposições para as zonas de montanha), artigo 3º (Organizações de montanha para a gestão de bens agrossilvopastoris), dando-se, nesta última, evidência ao protagonismo das Regiões. Não se pode não saudar com satisfação o *Texto único em matéria de florestas e filões* (Decreto legislativo n. 34, de 3 de abril de 2018), no qual se fala expressamente de respeito aos direitos dos titulares de uso cívico (art. 6º, n. 9 e art. 11, n. 1), mas sobretudo em que se pontua a promoção do associacionismo fundiário "valorizando... as propriedades coletivas e os usos cívicos das populações" (art. 10, n. 50).

CAPÍTULO XII - ANOS 80: O ADVENTO DE UMA...

áspero e espinhoso, que se mostra determinante o trabalho da Corte Constitucional, com uma operosidade iniciada em 1995 e que dura até hoje.

De fato, é em 1995 que, graças à cultura e ao conhecimento técnico de um juiz relator excepcional, que temos um precioso diagnóstico[130]. Ele é Luigi Mengoni, um dos civilistas italianos que, muito mais do que tantos outros, viveu plenamente os grandes problemas de um itinerário científico que movimentou e conturbou a quietude (ou, se quisermos, a calma passividade) do jurista italiano depois da Constituição e da consequente crise do legalismo estatalista;[131] um estudioso de caráter substancialmente historicista e, portanto, capaz de compreender bem o cr   -se de novos valores no panorama juríd   ponto de início é a recusa de   de paisagem (a única trace-   o artigo 9° da Constituição)

---

[130]   sentença 46 de 1995.

[131] Basta recordar o papel determinante que Mengoni teve na introdução na Itália da benéfica revolução hermenêutica, sustentada na Alemanha pelo civilista Esser com base nas lições – de franco caráter epistemológico – de Hans-Georg Gadamer, um filósofo atentíssimo ao trabalho dos juristas e ao modelo oferecido pelos problemas de fundamento teórico da *iurisprudentia* (e do que é prova o capítulo central do seu *opus magnum*, *Verdade e método*, dedicado ao significado exemplar da hermenêutica jurídica).

e o chamado, ao contrário, a uma noção integral de "território" como o lugar de encontro/choque entre ação humana e natureza física. Com uma imediata segunda observação: a incidência resolutiva sobre o território por parte das estruturas fundiárias coletivas (que Mengoni chama de "usos cívicos" adotando o termo genérico da lei – então vigente – de 1927). Com um resultado de fato decisivo: a projeção destes em um quadro que já não é particular e local, mas que diz respeito diretamente ao "interesse unitário específico da comunidade nacional", por ser a realização bem-sucedida de uma integração entre homem e ambiente natural. Daí um resultado igualmente decisivo sobre a questão em exame na Corte, relativa aos limites de extensão da competência regional, competência que deve ser inapelavelmente rejeitada tratando-se de um interesse "inconfundível com os interesses locais, dos quais são expoentes as Regiões".

A implementação da sentença Mengoni foi confirmada em 1997[132] e 2006,[133] recebendo em 2014 acréscimos que dão testemunho de uma consciência

---

[132] Com a sentença n. 145, de 13-21 de novembro de 1997, rel. F. Guizzi.

[133] Com a sentença n. 310, de 18 de julho de 2006, rel. A. Quaranta.

CAPÍTULO XII - ANOS 80: O ADVENTO DE UMA...

cada vez mais motivada da Corte,[134] e à qual convém dar alguma atenção: depois de ter constatado "um papel não marginal [dos usos cívicos] na economia agrícola do país", é importante sublinhar que "as profundas mudanças econômicas e sociais que aconteceram no segundo pós-guerra incidiram neste setor, colocando em segundo plano o aspecto econômico do instituto, mas ao mesmo tempo evidenciando a relevância quanto a outros aspectos, e em particular quanto aos aspectos ambientais". Além disso, a Corte atribui aos "usos cívicos" um motivadíssimo elogio, considerando-os um insubstituível instrumento de tutela ambiental pela presença operosa e contínua de uma coletividade no cuidado do bem/terra, com homens a serviço dele e não mais o contrário. Vale a pena citar por extenso o significativo texto de aprovação: "a eventual aposição de um vínculo diferente não é capaz de assegurar uma tutela equivalente, porque nesse caso a manutenção das características morfológicas ambientais requer não uma disciplina meramente 'passiva', fundada sobre limites e proibições, mas uma intervenção ativa, isto é, o cuidado assíduo da conservação das características que tornam o bem de interesse ambiental. Tal cuidado, que confia à coletividade... Se concretiza em modalidades de uso e

---

[134] Com a sentença n. 210, de 9 de julho de 2014, rel. Amato, red. G. Coraggio.

de gozo particulares, que garantem conjuntamente a função e a conservação do bem".

Um simples, sumário comentário: como estamos distantes da imagem de *gravames* da propriedade livre! E quanto caminho já se percorreu não obstante os impedimentos encontrados![135]

---

[135] Já falamos acima, a propósito, de uma operosidade judiciária da Corte até hoje, e isso é verdade. Às sentenças às quais se faz referência no texto devem ser acrescidas, com efeito, as seguintes: sentença n. 103, de 21 de fevereiro de 2017; n. 113, de 10 de abril de 2018; n. 178, de 4 de julho de 2018, todas tendo como relator o vice-presidente Aldo Carosi.

capítulo XIII
as estruturas fundiárias coletivas e suas dimensões sociais e ambientais: os repetidos testemunhos da Corte Constitucional

No contexto da última sentença da Corte Constitucional, que acabamos de mencionar, surpreendem-me alguns termos e sintagmas que falam uma língua familiar e muito expressiva para quem tenha intimidade com a realidade *peculiar* das estruturas fundiárias coletivas; expressivo de um conjunto de *peculiaridades* que distanciam muito o seu remoto e fechado "planeta" do grande mundo oficial dominado pelo sólido individualismo da propriedade; este último como que um "planeta" baseado em fundamentos opostos.

Julgo oportuno, à guisa de conclusão, retomar e sintetizar muitas observações já feitas nas páginas precedentes, tornando mais fácil a compreensão do "planeta" coletivista e das suas radicações de índole antropológica. Há um risco de alguma repetição, mas que é de todo modo preciso correr em vista da vantagem que o leitor – sobretudo o não jurista – pode tirar dela.

A modernidade jurídica, ou seja, aquela civilização que assume na Europa uma feição bem definida a partir do século XVI manifestando a sua plena maturidade no final do século XVIII (com a Revolução Francesa) e nos primeiros anos do século XIX (com a grande codificação napoleônica), é conotada – sabemo-lo – por uma escolha de fundo que se torna projeto político-jurídico oficial e parte determinante da própria constituição material e formal: como civilização que se inspira em um respeito cultual pelo sujeito-indivíduo e que é, portanto, portadora de um individualismo exasperado, como civilização materialista fundada no *ter* e com o *ter* alçado a uma dimensão ética e não mais somente

CAPÍTULO XIII - AS ESTRUTURAS FUNDIÁRIAS...

econômica, encontra na propriedade privada individual e no sujeito proprietário os seus dois pilares de sustentação. Pilares que, justamente por serem caracterizados por uma abordagem histórica e uma ordem moral e político-social suprema, representam não somente uma marca tipificadora, mas um alvo último e indiscutível, um alvo que não pode tolerar modelos alternativos e que se traduz em um monismo cultural, econômico e jurídico de caráter evidentemente absolutista.

Exprime egregiamente tal ideia, nos trabalhos preparatórios do *Code Civil* napoleônico, o tribuno Faure, quando, na seção do *Tribunado de 30 do nivoso do ano XII*, faz esta afirmação eloquentíssima em sua imagética: "o proprietário de uma coisa tem o direito de usá-la como julgar conveniente; quer ele a conserve, quer ele a destrua, quer ele a guarde, quer ele a dê, ele é seu mestre absoluto".[136] A coisa, mesmo aquela coisa de máximo valor que é a terra, constitui somente a projeção natural dos poderes absolutos do proprietário, tão absolutos ao ponto de se identificarem com o comportamento mais antieconômico, ou seja, a destruição do bem (no caso do bem imóvel, a

---

[136] *Motifs et discours prononcés lors de la présentation du Code Civil par les divers orateurs du Conseil d'Etat et du Tribunat*, (Discours). Paris: Firmin Didot, tomo I, 1855, p. 295.

PAOLO GROSSI

sua destruição econômica, a sua não cultivação, o seu não uso). A coisa, em suma, é a encarnação dos poderes do sujeito, a entidade a ele externa que permite a sua manifestação tangível; a coisa é simplesmente a sombra do sujeito na realidade fenomênica, um tipo de superfície lisa, neutra e anônima, sobre a qual o poder individual – ainda que fosse arbitrário – do *dominus* pode projetar-se eficazmente e sem obstáculos.

A atenção dessa civilização é para ele, para o sujeito individual, ao qual corresponde uma substancial desatenção em relação à estrutura e às qualidades das coisas. Bernhard Windscheid (1817-1892), o príncipe dos pandectistas alemães, aquele que – juntamente com os companheiros da mesma corrente – leva a cabo, no final do século XIX, o modelo jurídico moderno de propriedade, não hesita em minimizar a coisa nesta definição: "cada singular objeto pertencente à natureza irracional",[137] em que se pode ver a atitude depreciativa em relação aos tantos fragmentos, às tantas peças de um mundo dominado por regras irracionais, que somente a presença humana com as suas vontades racionais pode reconduzir a uma ordem. Dissemos acima que, na modernidade

---

[137] WINDSCHEID, B. *Lehrbuch des Pandektenrechts*. Frankfurt am Main: Hütten & Loening, vol. 1, tomo II, 1906, § 137.

CAPÍTULO XIII - AS ESTRUTURAS FUNDIÁRIAS...

jurídica, a coisa é realidade anônima, e é verdade. O importante é que o sujeito disponha dela livremente e que livremente circule entre os sujeitos. Não é um exagero afirmar que a circulação das coisas é um fim abrangente, ao qual se deve acrescentar uma conclusão legítima, que nos serve para tipificar o mundo das estruturas fundiárias coletivas; se o essencial é que uma coisa circule, que tenha a possibilidade de transferir-se rapidamente de um patrimônio a outro, é impensável que se crie uma relação essencial, vital, eu diria quase afetiva, entre sujeito e coisa.

A esta breve menção, que serve para designar o núcleo fundante da propriedade "moderna", além de contraponto ao que se dirá sobre as estruturas coletivas, não se acrescenta aqui nada sobre o desenvolvimento que se verifica na doutrina sobre a propriedade durante aquele século pós-moderno que é o século XX e sobre o qual nos alongamos no início deste ensaio, com uma nova importância das coisas, da terra, sobretudo, em reflexões inovadoras como as de Finzi, Vassalli e Pugliatti, que foram amplamente citados. E isto justamente pelo que dissemos no início: a redundância atual do individualismo possessivo moderno.

Um "planeta" diferente se nos revela tão logo se introduza o olhar no mundo das estruturas fundiárias coletivas, todas de origem pré-moderna e todas vivendo a sua vida distantes, ao longo de canais que têm curso paralelo sem se encontrarem com a civilização jurídica burguesa, talvez – ao contrário – com muitos choques em razão da dominação cultural intolerante de caráter romanístico que se tornou o programa oficial do Estado. Aqui não há o menor eco da visão potestativa do pertencimento, da propriedade como poder do indivíduo sobre a coisa; mesmo porque aqui não há o indivíduo pensado como realidade insular: há, por outro lado, um operador singular que, contudo, não é pensável fora do nicho da comunidade, que não consegue agir fora dela e que é semelhante à peça de um grande mosaico. O que se sobressai, que conta, que se coloca como protagonista é a comunidade, mas essa também, na visão originária e original, percebida não como estrutura rigorosamente definida, mas como uma cadeia geracional ininterrupta, que recentemente sacrificamos no invólucro da "pessoa jurídica", seja por imposição do Estado, seja pelas exigências da circulação jurídica, mas à qual – na sua essência profunda – repugnava um tal enrijecimento.

Prescindindo, porém, dessas relevantes observações, o que é importante afirmar é a antropologia diversa que sustenta todos os tipos de estrutura coletiva em comparação com uma antropologia exageradamente individualista. Exprime-se aqui uma antropologia decisivamente anti-individualista. Dois primados se delineiam: a comunidade, da qual acabamos de

CAPÍTULO XIII - AS ESTRUTURAS FUNDIÁRIAS...

falar; a coisa, ou seja, a coisa-mãe, a terra, que não é o objeto neutro valorizado unicamente pelo poder do sujeito proprietário que sobre ele se projeta, mas a coisa que surge com valor autônomo enquanto *res frugifera*, digna de atenção e de cuidados porque, graças à sua fertilidade, garante a sobrevivência da comunidade.

Não há dúvida de que ao *antropocentrismo* burguês se contrapõe um marcado *reicentrismo*. Nas estruturas fundiárias coletivas, a coisa (a *res*) não é relegável aos fenômenos brutos, mas é realidade viva e vital, ou seja, munida de uma vida própria e fonte de vida para as formigas humanas que a cultivam. O nexo que se deve sublinhar não é com os poderes da comunidade (que são limitados e condicionados) ou com os do comunista particular (os quais, como são de um particular, não são conjecturáveis), mas com a subsistência mesma de uma coletividade empenhada em valorizar a terra na sua fertilidade, em não a violentar ou alterar, para transmiti-la com toda a sua carga vital intacta às futuras gerações.

Eis por que à espasmódica exigência burguesa da circulação do bem opõe-se aqui uma indisponibilidade substancial. O perdurar de uma massa patrimonial não é compreendido como mão morta que impede a livre circulação, mas como dever elementar de conservação dos usuários de hoje em relação aos usuários de amanhã. E é por isso que à exaltação dos poderes do proprietário até chegar à destruição do bem (como no exemplo do tribuno Faure) se contrapõe a limitação dos poderes de quem detém *pro tempore* o governo da comunidade e, portanto, também da terra que é única condição de vida. Eu gostaria, neste ponto, de retornar a uma verdade elementar, à qual amiúde fiz menção: a antropologia que circula nas estruturas coletivas é muito pouco uma antropologia proprietária, e é provavelmente equivocada a própria qualificação de "propriedade" para essas realidades, tão atípicas se forem medidas pelo modelo proprietário comum e familiar, e tendo, ao contrário, uma tipicidade diversa, mas intensa, sob o aspecto histórico-jurídico; e é por isso que eu, embora fale também de propriedades coletivas segundo um uso comum, prefiro usar o mais genérico e menos vinculante sintagma de estruturas fundiárias coletivas, que sublinha unicamente um traço que tipifica o fenômeno organizacional de uma coletividade empenhada sobre uma certa terra.

Se é assim, no planeta das estruturas fundiárias coletivas, a relação homem/terra não é redutível à extração de um baú de riquezas, e tampouco a terra é aqui, essencialmente, riqueza. Trata-se, ao contrário, de uma relação complexa, uma relação fundamental, que empenha os componentes de uma comunidade em toda a sua integralidade. A relação não se exaure

CAPÍTULO XIII - AS ESTRUTURAS FUNDIÁRIAS...

em uma dimensão econômica ou técnico-agronômica, mas atinge a dimensão espiritual e cultural. Aqui, a terra não é somente uma porção de um vale ou de uma montanha, mas de um costume, de uma história, e cria-se entre homem e terra uma relação forte, uma familiaridade que atinge também a esfera do sentimento. E nasce disso tudo o profundo respeito às regras escritas nas coisas e facilmente decifráveis, bastando que haja a vontade de lê-las; nasce de tudo isso a inabdicável harmonia entre ação humana e natureza, em suma a tutela do ambiente, que é fácil de constatar no âmbito das estruturas fundiárias coletivas. Um observador rigoroso como Carlo Alberto Graziani, concordando comigo que estamos diante de "uma dimensão que é cada vez menos reconduzível à economia",[138] não hesitou em concluir, em um ensaio precioso pelo tesouro de intuições que oferece: "naquelas propriedades a terra era verdadeiramente objeto já não de domínio e exploração, mas de bom governo". A tutela ambiental, que hoje justamente nos atormenta, encontrou nesse planeta distante uma antecipada realização.

---

[138] GRAZIANI, C. A. "Proprietà della terra e sviluppo rurale". *In: Diritto romano attuale*, n. 16, dezembro de 2006 (número único dedicado à terra e seu regime jurídico), p. 83.

capítulo XIV
em direção a
uma conclusão
pluriordenamental

Espectador e idealmente partícipe do despertar dos anos 80, julguei dever garantir minha presença pessoal naqueles encontros anteriormente mencionados, que reavivaram muito o clima cultural dos primeiros anos da década de 1990. Participei deles com comunicações e com intervenções na discussão dentro de um período que vai de março de 1990 a junho de 1991. Condensei o fruto sintético dessa intensa atividade em um longo ensaio, em que pus o título de "Assolutismo giuridico e proprietà colletive",[139] no qual exprimi extensamente reflexões

---

[139] GROSSI, P. *Il dominio e le cose:* percezioni medievali e moderne dei diritti reali. Milão: Giuffrè, 1992, pp. 695 e ss.

acumuladas durante cerca de quarenta anos e caracterizadas pelo crescimento dos meus conhecimentos, cada vez maiores, das estruturas coletivas italianas, e por uma abordagem cultural mais segura em relação a elas. Nesse ensaio cheguei àquilo que, com a certeza proveniente da riqueza de tantas escavações concluídas, considerei um verdadeiro êxito. E quando, em 1996, em um dos primeiros congressos do Centro trentino fundado por Pietro Nervi, recebi o honroso convite a proferir a palestra inicial, interpretando essa palestra como síntese de um passado e um projeto para o futuro, corroborei as conclusões dos cinco anos precedentes,[140] enfrentando diretamente esse duplo problema categorial: a definição da natureza das estruturas fundiárias coletivas e da sua relação com o ordenamento do Estado italiano.

Hoje, em 2019, à distância de tantos anos, confirmo aquelas avaliações, acrescentando com satisfação que o enquadramento cultural e técnico-jurídico então completo revela-se-me como a antecipação de conquistas teóricas dos últimos anos. É somente por isso que julgo útil referir-me a páginas tão longínquas e reportar-me inteiramente às minhas

---

[140] GROSSI, P. "I dominii collettivi come realtà complessa nei rapporti con il diritto statuale". *In: Rivista di diritto agrario*, vol. 75, 1997, pp. 261 e ss.

CAPÍTULO IV - EM DIREÇÃO A UMA...

observações e conclusões. Elas têm o condão justamente de oferecer uma contribuição para o tema do último capítulo previsto, que versa sobre a possível caracterização como ordenamentos jurídicos originários daquelas estruturas coletivas identificáveis em organizações comunitárias robustas, caracterização que é – por combinação – a solução disruptiva da Lei n. 168 de 2017 (sobre a qual se discorrerá em breve). Eu afirmava, sem hesitação, na palestra proferida em Trento em 1996: "a verdadeira propriedade coletiva é um ordenamento jurídico primário"; e justificava: "uso de propósito esta categorização, que tem as suas implicações. É um ordenamento jurídico primário, porque trata-se aqui de uma comunidade que vive certos valores e os observa, valores peculiares a ela, zelosamente conservados ao longo de linhas geracionais de duração pelo menos plurissecular, valores merecedores do nosso respeito e da nossa compreensão."[141]

Eu escrevia, também, observando os operários laboriosos agindo no interior dessas estruturas coletivas: "não é um sopro de psicologia capitalista que as sustenta, mas um entrelaçamento entre trabalho,

---

[141] GROSSI, P. "I dominii collettivi come realtà complessa nei rapport con il diritto estatuale". *In: Rivista di diritto agrario*, 1997, vol. 65, p. 271.

PAOLO GROSSI

produção, sangue e terra, onde a dimensão pessoal e a dimensão real se conjugam com as suas recíprocas forças coesivas para construir um certo tipo de organização jurídica de bens, isto é, a propriedade coletiva. Pode ser vista como uma visão arcaica, na qual a dimensão econômica não foi submetida a uma depuração dos rejeitos pessoais e sociais, mas está, antes, intimamente imbuída de forças materiais primordiais das quais se pretende que *não* esteja separada".[142]

Aquelas comunidades me pareciam células apartadas dentro do grande contexto republicano. Haviam-se organizado social, econômica e juridicamente segundo esquemas que remontam a tempos remotos: pré-modernos, talvez medievais, talvez pré-medievais, talvez pré-romanos,[143] e tinham conquistado formas identitárias não encontráveis no ordenamento do Estado italiano. Dessa observação elementar derivou uma outra, que eu não deixara de

---

[142] GROSSI, P. "Assolutismo giuridico e proprietà collettive". *In:* _____. *Il dominio e le cose:* percezioni medievali e moderne dei diritti reali. Milão, Giuffrè, 1992, p. 736.

[143] Vejam-se a propósito as afirmações de um historiador do direito sempre muito cuidadoso e comedido nas suas hipóteses historiográficas: BOGNETTI, G. P. "I beni comunali e l'organizzazione del villaggio nell'Italia superiore fino al Mille". *In:* CINZIO, V. (Coord.). *Studi sulle origini del comune rurale.* Milão: Vita e Pensiero, 1978, sobretudo pp. 316 e ss.

CAPÍTULO IV - EM DIREÇÃO A UMA...

assinalar na página de 1991: "a experiência jurídica viva no território da República é muito mais rica do que a expressa pelo Estado com os seus atos de vontade; há, em suma, uma complexidade da vida jurídica italiana, que somente uma operação redutiva e empobrecedora poderia chegar a assujeitar na voz singular do Estado".[144] E eu corroborava em 1996: "o jurídico, na Itália, é e não pode deixar de ser estreitamente ligado à sociedade civil italiana; é, ao contrário, uma expressão fiel dela. Devemos, contudo, começar a nos dar conta de que, no território da República, a dimensão jurídica não coincide de modo nenhum com o produto jurídico do Estado italiano".[145]

Emergia de modo nítido a dialética República-Estado, que estrutura por si só toda a Constituição, na qual a República é uma realidade *natura sua* pluriordenamental, porque não é espelho de um aparato de poder, mas de uma macrocomunidade plural que vive um complexo muito diversificado de valores sociais, econômicos e jurídicos. E emergia

---

[144] GROSSI, P. "Assolutismo giuridico e proprietà collettive". *In:* _____. *Il dominio e le cose: percezioni medievali e moderne dei diritti reali*. Milão, Giuffrè, 1992, p. 739.

[145] GROSSI, P. "I dominii collettivi come realtà complessa nei rapporti con il diritto estatuale". *In: Rivista di diritto agrario,* vol. 75, p. 275.

147

PAOLO GROSSI

também uma exigência de correção epistemológica: quem deseje chegar a uma efetiva compreensão dessas comunidades particularíssimas, deve partir de uma atitude de respeito em relação às suas particularidades, um respeito que deveria ser traduzido em um olhar atento para o seu interior. Com efeito, eu não estava errado ao escrever: "é óbvio que comunidades particulares fundadas em antropologias jurídicas diversas, que exprimem uma cultura jurídica diversa, construídas com um cimento técnico diverso, devam ser avaliadas com base naquela antropologia, naquela cultura, naqueles cimentos técnicos".[146]

Há mais de vinte anos, eu reconduzia as estruturas fundiárias coletivas, pelo menos aquelas encarnadas em estruturas comunitárias, ao esquema de ordenamentos jurídicos originários concorrentes com o ordenamento estatal, assim como era reconhecido a outros ordenamentos jurídicos presentes no interior da República (um exemplo claro: a Igreja Católica, à qual se refere o artigo 7° da Constituição). O porquê é mencionado nas intuições de 1991 referidas acima e nas firmíssimas afirmações de 1996, mas pode ser sintetizado em uma conclusão bastante clara: estamos

---

[146] GROSSI, P. "Assolutismo giuridico e proprietà collettive" (1991). *In:* _____. *Il dominio e le cose:* percezioni medievali e moderne dei diritti reali. Milão: Giuffrè, 1992, p. 740.

CAPÍTULO IV - EM DIREÇÃO A UMA...

diante de comunidades que nutrem em si *ab origine* valores peculiares que as tipificam e que são de uma intensidade capaz de constituir a sua identidade jurídica autônoma. Os fundamentos dessa autonomia, que gera a observância por parte dos componentes, não podem ser colocados fora das comunidades, mas devem ser encontrados no seu interior, ao ponto de encerrá-las dentro de fronteiras bem definidas, que são antropológicas e culturais, mas se tornam facilmente também jurídicas.

O pluralismo jurídico, que é a salutar e libertadora mensagem transmitida por Santi Romano e que os Pais Constituintes assumiram como organização teórica da arquitetura do Estado social de direito a ser construído, encontrava – no campo aberto das estruturas fundiárias coletivas – uma perfeita verificação experimental. Infelizmente, o pluralismo não se enraizou, senão com enormes dificuldades, na psicologia e (se me permitem) no coração do jurista do *civil law*, o qual sempre tremeu ao ver de cabeça para baixo a bela e perfeita pirâmide construída com resistentes pedras por iluministas e jacobinos. Eles tremeram porque caía o soberbo edifício protetor e se abria um território pouco seguro e cheio de riscos (pelo menos para quem estava habituado a um *mos geometricus* que reconduz tudo a desenhos de absoluta linearidade). Embora se possa compreender, por um lado, essa atitude de fundo, por outro lado

PAOLO GROSSI

uma escolha pluriordenamental é a única conforme à Constituição.

Em outubro de 2016, em um congresso organizado em Nuoro pelo colega economista-agrário Francesco Nuvoli, buscando fixar – como já estava no título da palestra – "poucas, mas firmes conclusões",[147] eu colocava na cabeça de um jurista ideal, atento aos sinais dos tempos e não condicionado por mitologias imobilizadoras, uma pergunta específica, que consistia em saber "se toda a consecutiva legislativa estatal, continuando muito depois da ditadura e da monarquia de Savoia, não é um clamoroso fenômeno de violação da escolha pluralista almejada com uma grande virada em 1948, cujo objetivo era abrir uma brecha no fechado absolutismo jurídico burguês". Pergunta retórica, uma vez que desde então eu observava com segurança: "estamos, infelizmente, diante de uma Constituição violada, ou, pelo menos, não efetivada".[148] E concluí com

---

[147] GROSSI, P. "Gli assetti fondiarii collettivi, oggi: poche (ma ferme) conclusioni". *In: Archivio Scialoja-Bolla*, 2017, vol. XV, agora também em um apêndice na reedição de _____. *Un altro modo di possedere:* l'emersione di forme alternative di proprietà ala coscienza giuridica postunitaria. Milão: Giuffrè, 2017, pp. 425 e ss.

[148] GROSSI, P. "Gli assetti fondiarii collettivi, oggi: poche (ma ferme) conclusioni". *In: Archivio Scialoja-Bolla*, 2017, vol.

CAPÍTULO IV - EM DIREÇÃO A UMA...

a expressão de uma esperança: que o nosso espírito fosse dominado por uma sensação de comprazimento em relação ao abandono definitivo do reducionismo moderno e à redescoberta da complexidade natural da ordem jurídica da República.

Constituição *não efetivada*! Esse fato era absolutamente verdadeiro ainda em outubro de 2016, quando eu falava em Nuoro. Já não seria verdadeiro hoje, quando temos sobre nossa escrivaninha o reconfortante texto da Lei n. 168 de 20 de novembro de 2017 (que dispõe sobre os domínios coletivos), uma lei que inicia assim, em seu primeiro artigo: "em cumprimento aos artigos 2, 9, 42, inciso II, e 43 da Constituição, a República reconhece...".

Deparamo-nos com duas afirmações de extraordinário relevo. A lei não é fruto de um arbítrio do legislador, mas um provimento que a efetiva após setenta anos de soluções implicitamente previstas no sistema da Carta. A lei pretende ser simplesmente um ato de *reconhecimento*, e é singular que o atual legislador estatal volte a usar o verbo *reconhecer*, que fora utilizado pelos nossos deputados constituintes e

---

15, agora também em um apêndice na reedição de _____.
Un altro modo di possedere: l'emersione di forme alternative di proprietà ala coscienza giuridica postunitaria. Milão: Giuffrè, 2017, p. 431.

é eficazmente expressivo do seu trabalho *inventivo*: não quiseram, então, criar o que quer que fosse, mas *ler* no substrato dos valores da nova realidade democrática italiana, fazendo prevalentemente um trabalho de *conhecimento*.

O objeto desse reconhecer, que se torna o substancioso conteúdo da lei, consiste propriamente no pluralismo jurídico, do qual é tecida a Constituição de 1948, um conteúdo que, graças à sabedoria jurídica de quem pensou e projetou a lei, se traduziu na concepção e qualificação apropriadíssima dos "domínios coletivos" como "ordenamento jurídico primário das comunidades originárias" "dotado de capacidade de autonormatização... dotado de capacidades de gestão do patrimônio natural, econômico e cultural, que está ligado à base territorial da propriedade coletiva, considerado como copropriedade intergeracional".

Seja permitido, contudo, ao autor destas páginas expressar, por sua vez, um devido reconhecimento. Essa lei, que parecia a todos os cidadãos de bom senso uma loucura esperar após tantas e demasiadas desilusões do passado, se tornou uma realidade (oh, a *spes contra spem* de São Paulo!) graças à sensibilidade cultural, social e econômica de muitos membros do nosso Parlamento. Entretanto, é claro (e é revelado pela sabedoria técnica e pela linguagem refinada) que, acima deles, não podia deixar de se

CAPÍTULO IV - EM DIREÇÃO A UMA...

colocar como orientador um homem de ciência, o então senador Giorgio Pagliari, primeiro signatário no Senado, que colocou à disposição toda a bagagem de cultor egrégio do "direito administrativo", por ele ensinado – como professor catedrático – na Universidade de Parma. Graças a ele abandonaram-se as animosidades e os entusiasmos irracionais, as valorizações positivas ou negativas fortemente marcadas pela ideologia, e se lançou mão da ciência, realizando-se um dos poucos atos legislativos nos quais a vontade política e o rigor científico se dão as mãos e colaboram fecundamente.

Que a Lei n. 168 tenha recolocado muita coisa no seu lugar e comece a ser um guia para o único caminho a seguir se se quiser fazer finalmente plena justiça às estruturas fundiárias coletivas estruturadas como comunidades originárias e que portanto constituem verdadeiros ordenamentos jurídicos primários, demonstra-o um julgado de notável relevo, no qual a Corte de Cassação (segunda seção cível) se empenhou em dirimir uma controvérsia entre a Comunela Ius-Cercania Srenija-Opicina Opcine, de um lado, e a cidade de Trieste e a Região Friul-Veneza Júlia, do outro, acerca da natureza jurídica do patrimônio fundiário da cooperativa sobre as montanhas do Carso.

Trata-se de uma sentença (precisamente a de n. 24.978, de 2018), à qual convém dar atenção por um momento, uma vez que põe fim, graças à Lei n. 168, não somente aos tantos julgados da própria Corte de Cassação que oscilavam entre as mais diversas soluções, mas sobretudo a certos sepultamentos deploráveis dos problemas jurídicos praticados por grande ignorância.[149]

A sentença, redigida pelo próprio presidente Felice Manna, interpreta a lei como uma tomada de consciência "da (pré-)existência de uma propriedade coletiva originária, compreendida seja como copropriedade intergeracional, seja como ordenamento jurídico primário da própria comunidade, por sua vez sujeito (não à lei, mas diretamente) à Constituição",

---

[149] A minha referência, neste caso, é à sentença da Corte de Cassação – Seções Unidas, n. 7.021, de 11 de abril de 2016, que, discutindo a natureza jurídica das Regras do Cadore, um dos modelos mais vívidos da tipicidade singular das estruturas fundiárias coletivas do arco alpino oriental, as reduziu à forma limitadora (e totalmente inadequada) da simples propriedade civilista, afirmando apenas – como conclusão de um itinerário confuso e não privado de incoerências – que "a propriedade privada (como a que está em exame) pode ser expropriada". Desse modo, apagou-se imotivadamente, com um só golpe, toda uma tradição de sagacíssimas análises jurídicas e históricas e se forneceu, assim, infelizmente, um exemplo de clamorosa incompreensão, pontual e vigorosamente censurada pela doutrina (cf. a severa e documentadíssima nota de A. Germanò, na *Rivista di diritto agrario*, abril--junho de 2016, pp. 108 e ss.)

CAPÍTULO IV - EM DIREÇÃO A UMA...

fixando para a questão concernente à propriedade coletiva "o seguinte princípio de direito" vinculante para a Corte de Apelação de Roma como juiz de remessa: "as Comunelas ou cercanias ou vizinhanças, como quer que sejam denominadas, constituem entes exponenciais dos domínios coletivos, reconhecidos pela Lei n. 168/17 como ordenamento jurídico primário das comunidades originárias, sujeito somente à Constituição; portanto, o contrário assujeitamento da relativa base territorial aos usos cívicos *ex legge* n. 1.766/27, estabelecido por um decreto comissarial – embora anterior ao reconhecimento do ente exponencial –, não produz efeitos pela falta do correspondente poder administrativo".

Finalmente, uma voz clara e inequívoca do juiz depois da voz clara e inequívoca do legislador.

A Lei n. 168 dá início a um tempo presente percorrido por uma serenidade tranquilizante, até ontem perenemente desconhecida no céu escuro dos "domínios coletivos". O que dizer agora sobre o amanhã, considerando-se que também sobre ele se fala no subtítulo? Seria ridículo ver nas nossas estruturas coletivas instrumentos socialmente mediadores, como queria Laveleye em 1874, impressionado pelos sangrentos eventos da Comuna de Paris e em busca de meios de reforma social não eversivos. A sua força está no nexo, que agora é indiscutível e sobre o qual todos estão de acordo, entre propriedades coletivas e tutela do ambiente, uma tutela que se impõe imperiosa neste tempo de violação insensata (e suicida para o gênero humano) da ordem natural. Não é, portanto, ridículo e é, ao contrário, indispensável não somente a sua conservação em nosso futuro, mas também um auxílio por parte da República para o seu fortalecimento.

Concluo com a expressão de uma esperança (que gostaria que fosse uma certeza): que tenhamos a efetiva consciência de que as estruturas fundiárias coletivas, na sua variegada multiformidade (que vai desde robustas comunidades proprietárias à tênue consistência do simples uso cívico), contribuem muito para a complexidade da paisagem socioeconômico-jurídica da República e, portanto, para enriquecer o seu complexo edifício.[150]

---

[150] Acredito que, por último, seja oportuna uma menção aos chamados "bens comuns", aos quais se tem há muito dirigido grande atenção nesses últimos tempos, bens que poderiam parecer – que me perdoem a aliteração – acomunáveis às nossas estruturas coletivas. Os "bens comuns" são bens vitais para a existência cotidiana de todo ser humano (um exemplo: a água) e para os quais é essencial o controle da comunidade geral e a sua subtração aos interesses privados egoístas. Desses, enquanto tais, todo homem deve ser considerado titular, sem que nenhum seja excluído. Definido isto, compreende-se imediatamente que a sua natureza e a sua condição são absolutamente diferentes dos bens coletivos, dos quais se falou nas páginas precedentes.

referências bibliográficas

ASSOCIAZIONE ESSPER. *Nuovo Diritto Agrario*, Roma, 1974-2004.

BOGNETTI, G. P. "I beni comunali e l'organizzazione del villaggio nell'Italia superiore fino al Mille". *In:* CINZIO, V. (Coord.). *Studi sulle origini del comune rurale.* Milão: Vita e Pensiero, 1978.

BOLLA, G. "Consuetudini agrarie e necessità di procedere ulteriormente alla loro raccolta". *In: Rivista di diritto agrario,* (1944-1947), vol. 23.

_____. "Criteri d'interpretazione e di applicazione dell'art. 34 della llegge 25 luglio 1952, n. 991 in favore dei territori montani" (1960). *In:* _____. *Scritti di diritto agrario*, Milão: Giuffrè, 1963.

_____. "La proprietà regoliera del Cadore e la legge sugli usi civici". *In: Atti del Convegno regionale veneto per il miglioramento dell'economia montana,* Belluno, 7-8 de setembro de 1946, Benetta, 1946.

PAOLO GROSSI

_____. "La raccolta nazionale delle consuetudini agrarie" (1924). *In:* _____. *Scritti di diritto agrario,* Milão: Giuffrè, 1963.

_____. "Le comunioni familiari ereditarie dei territori alpini e la legge 16 giugno 1927 sul riordinamento degli usi civici" (1947). *In:* _____. *Scritti di diritto agrario,* Milão: Giuffrè, 1963.

_____. [Memorial de defesa]. *R. Corte d'Appello di Roma (sezione usi civici):* in replica al Comune di S. Stefano (appellante) per le Regole frazioni di S. Stefano di Cadore, di Campolongo, di Casada e di Costalissoio. Florença: Tip. Coppini, 1943.

_____. [Memorial de defesa]. *R. Corte d'Appello di Roma (sezione usi civici):* comparsa integrativa di Campolongo, di Casada e di Costalissoio. Florença: Tip. Coppini, 1943.

_____. *Scritti di diritto agrario.* Milão: Giuffrè, 1963.

_____. "Terre civiche e proprietà comuni di consorti coeredi regolate dal Laudo" (1951). *In:* _____. *Scritti di diritto agrario,* Milão: Giuffrè, 1963.

BONELLI, G. "I concetti di comunione e di personalità nella teorica delle società commerciali". *In: Rivista del diritto commerciale,* P. I, vol. 1, 1903.

BRASIL. Advocacia-Geral da União. *Parecer n. 001/2017/GAB/CGU/AGU. Diário Oficial da União,* n. 138, quinta-feira, 20 jul. 2017.

REFERÊNCIAS BIBLIOGRÁFICAS

_____. *Constituição da República Federativa do Brasil de 1988*. Arts. 216, 225, 231.

_____. *Decreto n. 4.887, de 20 de novembro de 2003*. Regulamenta o procedimento para identificação, reconhecimento, delimitação, demarcação e titulação das terras ocupadas por remanescentes das comunidades dos quilombos de que trata o art. 68 do Ato das Disposições Constitucionais Transitórias.

_____. Supremo Tribunal Federal. *Ação Direta de Inconstitucionalidade n. 3.239, do Distrito Federal*. Relator: ministro Cézar Peluso. Redator do acórdão: ministra Rosa Weber. Data do julgamento: 8 fev. 2018.

_____. Supremo Tribunal Federal. *Petição n. 3.388, de Roraima*. Relator: ministro Ayres Britto. Data do julgamento: 23 out. 2013.

CALAMANDREI, P. *Opere giuridiche*. Roma: Athenaeum, vol. 2, 1920.

CAPITANI, O. (Coord.). *Una economia politica nel medioevo*. Bolonha: Patron, 1987.

CAPPELLINI, P. "Il Codice Eterno. La forma-codice e i suoi destinatari: morfologie e metamorfosi di un paradigma della modernità". *In:* CAPPELLINI, P.; SORDI, B. (Coords.). *Codici:* una riflessione di fine millennio. *Atti* del Convegno internazionale. Firenze, 26-28 de outubro de 2000. Milão: Giuffrè, 2002.

CATTANEO, C. "Su la bonificazione del Piano di Magadino a nome della Società promotrice. Primo rapporto". *In:* BERTOLINO, A. *Scritti economici.* vol. 3. Florença: Le Monnier, 1956.

CERVATI, G. "Ancora dei diritti delle popolazioni, usi e terre civiche e competenze regionali". *In: Terre collettive e usi civici tra Stato e Regione: Atti* del Convegno di Fiuggi, 25-26-27 de outubro de 1985, Regione Lazio, s. l. e s. d.

DAL RI JR., A. Apresentação do autor em GROSSI, P. *O direito entre poder e ordenamento.* Belo Horizonte: Del Rey, 2010. (Trad. Arno Dal Ri Jr.).

_____. "La storiografia giuridica brasiliana letta attraverso l'esperienza storiografica penale: note per la consolidazione di una disciplina". *In:* SORDI, B. (Coord.). *Storia e diritto:* esperienze a confronto. Incontro internazionale di studi in occasione dei 40 anni dei *Quaderni fiorentini.* Firenze, 18-19 de outubro de 2012. Milão: Giuffrè, 2013.

FAURE, G. *Motifs et discours prononcés lors de la présentation du Code Civil par les divers orateurs du Conseil d'Etat et du Tribunat* (Discours). Paris: Firmin Didot, tomo I, 1855.

FINZI, E. "Le moderne trasformazioni del diritto di proprietà" e "Diritto di proprietà e disciplina della produzione". *In:* GROSSI, P. (Coord.). *L'officina delle cose:* scritti minori. Milão: Giuffrè, 2013.

REFERÊNCIAS BIBLIOGRÁFICAS

_____. "Riflessi privatistici della Costituzione". *In:* LEVI, A.; CALAMANDREI, P. (Coords.). *Commentario sistematico alla Costituzione italiana.* Florença: Barbera, 1950.

FONSECA, R. M. "O deserto e o vulcão: reflexões e avaliações sobre a história do direito no Brasil". *In: Forum historiae iuris*, Frankfurt, 15 jun. 2012.

GADAMER, H.-G. *Verdade e método.* Petrópolis: Vozes, 2015.

GERMANÒ, A. *L'Istituto di diritto agrario internazionale e comparato:* la storia. Nápoles: Ed. Scientifica, 2017.

GOMES, O. *Raízes históricas e sociológicas do Código Civil Brasileiro* (1958). São Paulo: Martins Fontes, 2006.

GRAZIANI, C. A. "Proprietà della terra e sviluppo rurale". *In: Diritto romano attuale,* n. 16, dezembro de 2006.

GROSSI, P. "Absolutismo jurídico (ou: da riqueza e da liberdade do historiador do direito)". *In:* _____. *História da propriedade e outros ensaios.* Rio de Janeiro: Renovar, 2006. (Trad. Ricardo Marcelo Fonseca).

_____. *An alternative to private property:* collective property in the juridical consciousness of the nineteenth century. Chicago e Londres: The University of Chicago Press, 1981. (Trad. Lydia G. Cochrane).

_____. *A ordem jurídica medieval.* São Paulo: Martins Fontes, 2014. (Trad. Denise Rossato Agostinetti).

_____. "Fattualità del diritto pos-moderno: l'emersione di un diritto 'agrario' in Italia". *In: Diritto agroalimentare.* Milão: Giuffrè, 2016, vol. 1.

_____. "Gli assetti fondiarii collettivi, oggi: poche (ma ferme) conclusioni". *In: Archivio Scialoja-Bolla,* XV (2017). *In:* _____. *Un altro modo di possedere:* l'emersione di forme alternative di proprietà alla coscienza giuridica postunitaria. Milão: Giuffrè, 2017, vol. 15.

_____. *História da propriedade e outros ensaios.* Rio de Janeiro: Renovar, 2006. (Trad. Ricardo Marcelo Fonseca).

_____. "I dominii collettivi come realtà complessa nei rapporti con il diritto statuale". *In: Rivista di diritto agrario* (1997), vol. 75, pp. 261 e ss.

_____. *Il dominio e le cose:* percezioni medievali e moderne dei diritti reali. Milão: Giuffrè, 1992.

_____. *Locatio ad longum tempus:* locazione e rapporti reali di godimento nella problematica del diritto comune. Nápoles: Morano, 1963 (reimpresso pela Scuola di Specializzazione in Diritto Civile da Universidade de Camerino. Nápoles: ESI, 2014).

_____. (Coord.). *L'officina delle cose:* scritti minori. Milão: Giuffrè, 2013.

_____. *Mitologias jurídicas da modernidade.* 2ª Ed. Florianópolis: Boiteux, 2007. (Trad. Arno Dal Ri Jr.).

_____. *Nobiltà del diritto.* Milão: Giuffrè, 2008. (Storia del pensiero giurid moderno).

REFERÊNCIAS BIBLIOGRÁFICAS

_____. *O direito entre poder e ordenamento*. Belo Horizonte: Del Rey, 2010. (Trad. Arno Dal Ri Jr.).

_____. "Problematica strutturale dei contratti agrari nell'esperienza giuridica dell'alto medioevo italiano". *In: Atti della XIII settimana di studio del Centro Italiano di Studi sull'Alto Medioevo*. Spoleto: Panetto e Petrelli, 1966.

_____. *Un altro modo di possedere:* l'emersione di forme alternative di proprietà alla coscienza giuridica postunitaria. Milão: Giuffrè, 2017.

_____. *Uno storico del diritto alla ricerca di se stesso*. Bolonha: Il Mulino, 2008.

_____. "Un saluto alla giovane storiografia giuridica brasiliana" (resenha à obra: VARELA, L. B. *Das sesmarias à propriedade moderna:* um estudo de história do direito brasileiro. Rio de Janeiro: Renovar, 2005. *In: Quaderni fiorentini per la storia del pensiero giuridico*, 2006, vol. 35.

_____. "Usi civici: una storia vivente". *In: Archivio Scialoja-Bolla*. Milão: Giuffrè, vol. 6, 2008.

GUIDETTI, M.; STAHL, P. H. *Il sangue e la terra:* comunità di villaggio e comunità familiari nell'Europa dell'800. Milão: Jaca Book, 1977.

_____. *Le radici dell'Europa:* il dibattito ottocentesco su comunità di villaggio e familiari. Milão: Jaca Book, 1979.

_____. *Un'Italia sconosciuta:* comunità di villaggio e comunità familiari nell'Italia dell'800. Milão: Jaca Book, 1977.

HESPANHA, A. M. *Cultura jurídica europeia*: síntese de um milênio. Coimbra: Almedina, 2012.

_____. *Pluralismo jurídico e direito democrático*: prospetivas do direito no século XXI. Coimbra: Almedina, 2019.

IRELLI, V. C. "Apprendere 'per laudo': saggio sulla proprietà collettiva". *In: Quaderni fiorentini per la storia del pensiero giuridico moderno*, n. 45, 2016.

ITÁLIA, Senato della Repubblica. *Costituzione della Repubblica Italiana*. Roma: Libreria del Senato, 2012.

JACINI, S. "Relazione finale sui risultati dell'Inchiesta agraria". *In: Atti della Giunta per la Inchiesta agraria e sulle condizioni della classe agricola*. Roma, 1886, vol. 15.

MAGALHÃES, J. N. "A inclusão da exclusão dos índios no Brasil". *In:* STUTZ E ALMEIDA, E.; MAGALHÃES, J. N.; WOLKMER, A. C. (Coords.). *História do direito*. Florianópolis: Conpedi, 2014, vol. 2, pp. 124-145.

MAINE, H. S. *Ancient Law:* its connection with the early history of society and its relation to modern ideas. Londres: John Murray, 1870.

_____. *Dissertations on early Law and Custom*. Londres: John Murray, 1883.

MALINVERNI DA SILVEIRA, C. E.; DYTZ MARIN, J.; COLOMBO, G. (Coords.). *Congresso Internacional sobre o Comum e os Commons* (1: 2019 jun. 12-14, Caxias do Sul, RS), Educs, Caxias do Sul, 2020.

REFERÊNCIAS BIBLIOGRÁFICAS

MARINELLI, F. *Gli usi civici*. Milão: Giuffrè, 2013.

MARTINS-COSTA, J. (Coord.). *Código. Dimensão histórica e desafio contemporâneo*: estudos em homenagem ao Professor Paolo Grossi. Porto Alegre: Sérgio Antonio Fabris Editor, 2013.

MECCARELLI, M. "A história do direito na América Latina e o ponto de vista europeu: perspectivas metodológicas de um diálogo historiográfico". *In: Revista da Faculdade de Direito – UFU*, Uberlândia (MG), vol. 43, n. 2, 2015. (Trad. Diego Nunes).

NICOLÒ, R. "Codice Civile". *In: Enciclopedia del diritto*. Milão: Giuffrè, 1960, vol. 7. *In: Diritto civile*. Milão: Giuffrè, vol. 12, 1964.

NUNES, D. "Aportes para uma história da regulação jurídica da água no Brasil a partir do Código de Águas de 1934". *In: Revista de Direito Administrativo (FGV)*, Rio de Janeiro, 2021.

NUNES, D.; SANTOS, V. H. "Por uma história do conceito jurídico de quilombo no Brasil entre os séculos XVIII e XX". *In: Revista da Faculdade de Direito da UFPR*, Curitiba, v. 66, n. 1, 2021.

PERLINGIERI, P. *Il diritto civile nella legalità costituzionale*. Nápoles: Ed. Scientifica, 1984.

PUGLIATTI, S. "La proprietà e le proprietà, con riguardo particolare alla proprietà terriera". *In:* _____. *La proprietà nel nuovo diritto*. Milão: Giuffrè, 1954.

_____. *La proprietà nel nuovo diritto*. Milão: Giuffrè, 1954.

REGNOLI, O. *Scritti editi ed inediti di diritto civile*. Bolonha: Zanichelli, 1900.

RESCIGNO, P. "Diritti collettivi e usi civici". *In: Terre collettive e usi civici tra Stato e Regione: Atti* del Convegno di Fiuggi, 25-26-27 de outubro de 1985, Regione Lazio.

_____. "Per una rilettura del Codice Civile". *In: Giurisprudenza italiana*, 1968.

RODOTÀ, S. "Note critiche in tema di proprietà". *In:* _____. *Il terribile diritto:* studi sulla proprietà privata. Bolonha: Il Mulino, 1981.

ROMAGNOLI, E. "Moderne forme di utilizzazione degli usi civici". *In: Terre collettive e usi civici tra Stato e Regione: Atti* del Convegno di Fiuggi, 25-26-27 de outubro de 1985, Regione Lazio.

ROMAGNOLI, E.; TREBESCHI, C. (Coords.). *Comunioni familiari montane:* testi legislativi, sentenze, studi e bibliografia. Bréscia: Paideia, vol. 2, 1975-1992.

ROMANO, S. *Frammenti di un dizionario giuridico* (1947). Milão: Giuffrè, 1948 (Quodlibet, Macerata, 2019, verbete *Poteri, potestà*).

_____. *O ordenamento jurídico* (1918). Florianópolis: Boiteux, 2008 (Trad. Arno Dal Ri Jr.).

SANTORO-PASSARELLI, F. *Dottrine generali del diritto civile*. Nápoles: Jovene, 1954.

REFERÊNCIAS BIBLIOGRÁFICAS

SOARES ROBERTO, G. B. *Introdução à história do direito privado e da codificação.* 4ª Ed. Belo Horizonte: Lafayette, 2020.

VARELA, L. B. *Das sesmarias à propriedade moderna:* um estudo de história do direito brasileiro. Rio de Janeiro: Renovar, 2005.

VASSALLI, F. "Estrastatualità del diritto civile". *In: Studi giuridici.* Milão: Giuffrè, 1960, vol. III, tomo II.

_____. "La missione del giurista nella elaborazione delle leggi" (1950). *In: Studi giuridici.* Milão: Giuffrè, 1960, vol. 3, tomo II.

_____. "Per una definizione legislativa del diritto di proprietà". *In: Studi giuridici.* Milão: Giuffrè, 1960.

VENEZIAN, G. "Reliquie dela proprietà collettiva in Italia". *In:* CALAMANDREI, P. *Opere giuridiche.* Roma: Athenaeum, vol. 2, 1920.

WIEACKER, F. "Wandlungen der Eigentumsverfassung". *In:* SCHMITT, C. (Coord.). *Der Deutsche Staat der Gegenwart.* Hamburgo: Hanseatische Verlagsanstalt, 1935.

WINDSCHEID, B. *Lehrbuch des Pandektenrechts.* Frankfurt am Main: Hütten & Loening, 1906.

ZWIEG, S. *O mundo de ontem.* Rio de Janeiro: Zahar, 2014.

A Editora Contracorrente se preocupa com todos os
detalhes de suas obras!
Aos curiosos, informamos que este livro foi impresso
no mês de agosto de 2021, em papel Pólen Soft 80g,
pela Gráfica Copiart.